AF454607

Vallée de Bionnassay

L'Aiguille de Bionnassay

(4.061 mètres)

Extrait de la *Revue Alpine*, 3e trimestre 1928
(avec corrections et addenda)

Emile GAILLARD

L'Aiguille

de

BIONNASSAY

M. DARDEL, éditeur
CHAMBÉRY

1929

L'Aiguille de Bionnassay

(4.061 mètres)

« ... puis le mérite, qui n'est pas petit, de nous avoir, eux, ouvert la route et aplani les obstacles.

— Oh ! ce qu'ils ont fait pour nous, nous le faisons pour d'autres.

— Oui, mais c'est le premier pas qui coûte.

— Ils moissonnaient, dis-je ; nous glanons. »

(Paul-Louis Courier. *Conversation chez la Comtesse d'Albany*).

L'Aiguille de Bionnassay est une des vingt-sept pointes aujourd'hui cataloguées qui, dans la chaîne du Mont Blanc, atteignent ou dépassent l'altitude de 4.000 mètres et, dans la hiérarchie de ces géants, elle vient la seizième. Cela suffirait à attirer sur elle l'attention des alpinistes. Mais, la rare beauté de ses flancs, couverts de la cuirasse d'argent de ses glaciers, lui vaut, en outre, l'hommage discret et, parfois, inconscient de tous les amants de la grande nature alpine, de tous ceux qui, ne la séparant pas du Mont Blanc lui-même dont elle forme incontestablement l'un des principaux éléments de la majestueuse splendeur, reposent sur elle leurs regards ravis dans la classique contemplation du plus haut sommet des Alpes.

J'avais quatorze ans lorsqu'elle éblouit ma jeune imagination, au cours d'une promenade familiale au Prarion. Je me souviens que je ne pouvais détacher mon œil de la longue-vue du pavillon, braquée sur elle et que les questions qu'elle suggérait à ma curiosité toute neuve restaient souvent sans réponse. Elle était alors peu connue. L'est-elle beaucoup plus aujourd'hui? Je ne sais.

En tous cas, le souvenir de cette radieuse et déjà lointaine matinée ne m'a guère quitté pendant que j'ai écrit ces pages sur lesquelles il plane, et c'est à lui que je les dédie.

Description physique

L'Aiguille de Bionnassay n'est pas une aiguille. Les familiers du massif du Mont Blanc, où les dénominations impropres abondent (1) n'en seront pas autrement surpris. Elle ne se présente sous la forme d'une aiguille que du côté des Contamines, encore n'est-ce là qu'une apparence. C'est le point culminant d'une longue arête incurvée de schistes cristallins (2), qui fait partie de la ligne faîtière frontière et qui va du Col de Miage au Col de Bionnassay.

Cette arête monte du Col de Miage, d'abord faiblement, puis elle se redresse brusquement et, finalement, se cabre jusqu'au point culminant, où, lasse semble-t-il, de son effort, elle demeure quelque temps presque horizontale comme l'architrave d'un temple gigantesque, avant de s'infléchir en arc de cercle — en arc-en-ciel, ont dit quelques-uns — jusqu'au Col de Bionnassay.

A partir du point où elle se relève au-dessus du Col de Miage, elle est principalement en neige ou glace, quelquefois agrémentée de gracieuses corniches, interrompue en deux points par de puissantes assises rocheuses, qui paraissent les seuls éléments solides de toute cette architecture de rêve. Du sommet au Col de Bionnassay, c'est une arête de glace, par-

---

(1) On y voit en effet l'*Aiguille du Goûter* qui n'est qu'une épaule largement aplatie, l'*Aiguille de Tricot* qui est un dôme de neige, l'*Aiguille de la Tour*, au-dessus de Pierre-Pointue, monticule herbeux qui n'est même pas un sommet ; on y appelle *la Jonction* la région où *se séparent* les Glaciers des Bossons et de Taconnay : on y a nommé *Bosses du Dromadaire* les *deux* bosses de l'arête Nord-Ouest du Mont-Blanc, alors que tout le monde sait que les dromadaires n'ont qu'une seule bosse et qu'il eût fallu dire les Bosses du Chameau. Et pourtant toutes ces dénominations, — j'en passe — semblent porter l'empreinte des appellations populaires et pour ainsi dire spontanées qui sont habituellement frappées au coin du bon sens.

(2) D'après A. Favre : *Recherches géologiques dans les parties de la Savoie, du Piémont et de la Suisse voisines du Mont Blanc.* tome III, p. 22.

fois aiguisée, longue d'un kilomètre, et dessinant une courbe d'une grâce infinie.

Du Col de Miage au sommet, l'arête est dirigée du S.-S.-O. au N.-N.-E. Du sommet au Col de Bionnassay, elle va de l'O.-S.-O. à l'E.-N.-E.

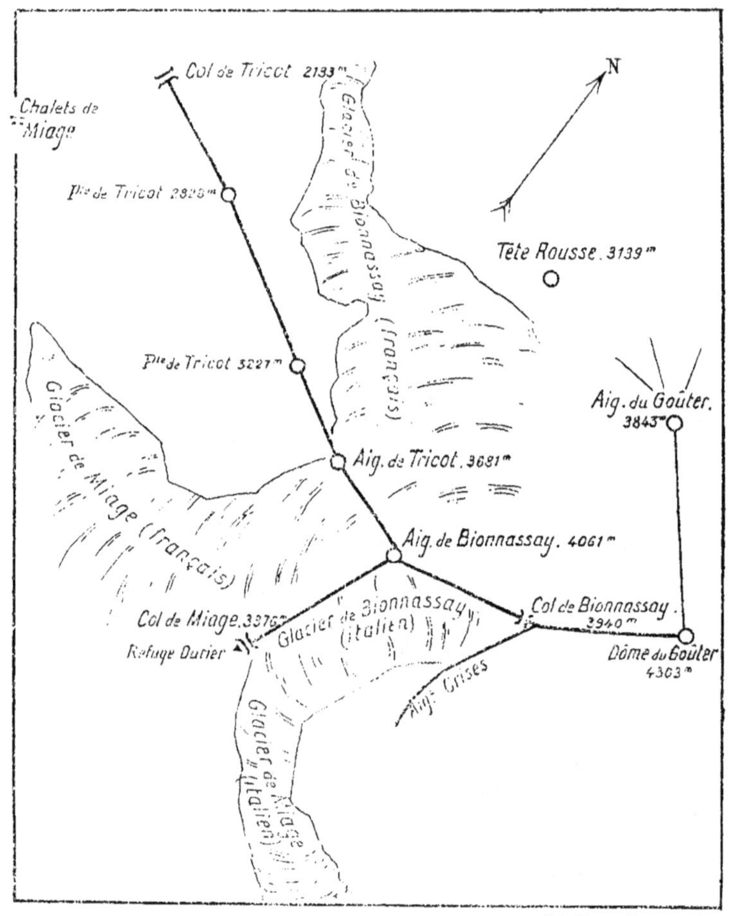

Croquis schématique de l'Aiguille de Bionnassay

Le versant italien, versant Est, puis Sud de cette arête (3), est formé d'une pente glaciaire de raideur moyenne venant se raccorder au glacier de Bionnassay italien. Quelques bandes de rochers la strient sur toute sa longueur et viennent émerger en deux points de l'arête Sud et en un point de l'arête Est.

Le versant français est moins simple. Un solide contrefort étaye, en effet, l'architecture de cette admirable arête en son point le plus faible, celui de sa courbure où la poussée de la crête exerce son maximum d'effort et qui est en même temps le point culminant. Ce gigantesque arc-boutant orienté du S.-E. au N.-O. est le contrefort de Tricot qui, parti de la cime de l'Aiguille, vient finir au Mont Vorassay. Il débute par une arête effilée, glaciaire sur son versant Nord, en grande partie rocheuse sur son versant Sud, qui s'élargit à mesure qu'elle s'abaisse jusqu'à la calotte de neige de l'Aiguille de Tricot — 3.681 m. — Ensuite une longue crête rocheuse sur ses deux versants porte les diverses Pointes de Tricot — 3.227 m. — 3.040 m. — 2.828 m. — Un ensellement, le Col de Tricot — 2.133 m. — où le Chalet des Deux-Frères (ancien chalet Nicolaï) sert de refuge, précède le Mont Vorassay (4) qui termine le contrefort au-dessus de la vallée de Montjoie.

Ce contrefort, séparant en deux parties le versant français de l'Aiguille de Bionnassay, détermine sur ses flancs deux vallées : au Sud, le vallon de Miage ; au Nord, le vallon de Bionnassay, descendus des cols qui portent respectivement ces noms, et tous deux affluents du Bon Nant.

Ainsi donc, le versant français de l'Aiguille se partage en deux parties : un versant Sud-Ouest envoyant ses eaux à Miage ; un versant Nord et Nord-Ouest s'épanchant sur Bionnassay.

Trois arêtes, trois versants, telle est dans sa simplicité la structure de l'Aiguille de Bionnassay.

A la base de chacun des versants, trois grands courants glaciaires drainent les neiges et les débris de l'Aiguille : le Glacier de Miage français, au pied du versant Sud-Ouest ; le Glacier de Bionnassay français, au pied du versant Nord ; le Glacier de Bionnassay italien, tributaire du Glacier de Miage italien, au pied du versant Sud-Est.

---

(3) Nous l'appellerons dans tout ce qui suit le versant Sud-Est, restant entendu qu'une partie de ce versant regarde vers l'Est, l'autre vers le Sud et que seule la partie à l'aplomb du sommet regarde le Sud-Est.

(4) J'ai signalé dans mon guide (Tome VI, 1ʳᵉ Partie, p. 77) que l'on devrait écrire *Vorasset*, nom local de l'aulne ou verne qui tapisse les versants de ce mont.

Le versant Nord se divise lui-même en deux parties : la partie orientale est plus exactement orientée au Nord ; elle est plus particulièrement abrupte et sa base, ainsi que sa partie moyenne, est constituée par une formidable falaise rocheuse ; la partie qui va se souder au contrefort de Tricot d'une pente moins accusée, quoiqu'encore considérable, est entièrement couverte par une vaste carapace glaciaire ; quelques rares rochers pointent à sa partie inférieure ; les changements de pente s'accusent par d'énormes crevasses et de larges zones de séracs qui font de ce versant Nord-Ouest la parure la plus somptueuse de l'Aiguille de Bionnassay.

Le versant Sud-Ouest est rocheux ; il se présente comme une vaste face triangulaire au pied de laquelle s'écoule la branche septentrionale du Glacier de Miage français.

Quant au versant Sud-Est, nous en avons indiqué plus haut les caractéristiques ; le rocher, un rocher aux teintes chaudes, en perce presque partout la cuirasse glaciaire, dessinant à sa surface une riche damasquinure.

TOPONYMIE, CARTOGRAPHIE ET ALTIMÉTRIE

De Saussure fut le premier à signaler la beauté de l'Aiguille de Bionnassay, dont l'admirable structure ne pouvait manquer d'impressionner cet incomparable observateur. Lors de sa tentative au Mont Blanc par l'Aiguille du Goûter, en compagnie de Bourrit, le 12 septembre 1785, il coucha au-dessous de Tête-Rousse, dans sa cabane de Pierre-Ronde et, décrivant le panorama de ce point, il écrit : « Sur la droite de ces rochers, nous admirions une cime neigeuse nommée *la Rogne*, qui nous paraissait d'une hauteur prodigieuse... » (5) L'identification de la Rogne de Saussure avec l'Aiguille de Bionnassay est rendue certaine par la planche qui accompagne les VOYAGES DANS LES ALPES (6), et par la note de Saussure, explicative de cette planche.

Ce nom de la Rogne, indiqué par les guides de Saussure, semble tout à fait fantaisiste puisque, dès 1790, ainsi que l'a déjà signalé Coolidge (7), « Berthout van Berchem fait mention (sur sa carte sous le n° 33) des *Aiguilles de Bionnassay*, qui dominent le glacier du même nom. »

---

(5) Voir *H.-B. de Saussure : Le Mont Blanc et le Col du Géant*, réimpression des extraits des *Voyages dans les Alpes*, avec notes critiques par Emile Gaillard et Henry-F. Montagnier, p. 6 et note 21.

(6) Reproduite dans l'ouvrage ci-dessus face à la p. 8. Voir note à la p. 5.

(7) Jahrbuch des S. A. C., XXXVIII, p. 268.

C'est là la première mention à moi connue de cette appellation. Elle n'est d'ailleurs pas de Berthout van Berchem, mais d'Exchaquet, auteur de ladite carte. Ce même Exchaquet, directeur des Mines et Fonderies de Servoz, vendait depuis 1787, un plan en relief du Massif du Mont-Blanc, et il est probable que, sur la légende qui accompagnait ce plan, devait déjà figurer la mention des Aiguilles de Bionnassay. Rien ne permet de l'affimer cependant, aucune de ces légendes ne nous étant parvenue. Toutefois, il existe à Chambéry une copie, à une échelle supérieure, du plan en relief d'Exchaquet et, sur la légende qui l'accompagne, on lit sous le numéro 66 : *Aiguille du Bionnasset*. Ce plan, ou tout au moins sa légende, est postérieur à 1820, car on y lit, sous le numéro 10² : « Crevasse où périrent, en 1820, trois gardes (guides) du docteur Hamel ».

Mais un autre nom, beaucoup moins connu, tiré de la magnifique structure de sa face Nord, a été attribué par Saussure à l'Aiguille de Bionnassay. On le trouve dans une brochure curieuse et rare, publiée à Bâle, en 1791, par Ch. de Méchel, intitulée : « *Explication des renvois de l'estampe enluminée qui représente la vallée de Chamouni, le Mont Blanc et les montagnes adjacentes, exécutée d'après le relief de M. Exchaquet.* » A la fin de cette brochure, est dressée la liste des renvois numérotés de ce relief, ou plutôt de cette gravure, mais rangés dans un autre ordre que dans le relief d'Exchaquet. « *On doit ce nouvel arrangement, plus commode*, dit Ch. de Méchel dans l'introduction, *à M. de Saussure qui a bien voulu l'indiquer et donner en même tems les hauteurs exactes des différens endroits que cette Planche représente.* » Or, on voit figurer sous le n° 12 : « *La Rogne ou la paroi blanche* » qui se rapporte à l'Aiguille de Bionnassay, ainsi que l'indique la référence : « § 1107, note des *Voyages* de Saussure », avec la cote 1859 toises, c'est-à-dire 3.623 mètres. Cette dénomination de *paroi blanche* pour l'Aiguille de Bionnassay est nouvelle et ne reparaîtra plus par la suite. Quant à l'altitude de 3.623 m., inférieure de près de 400 mètres à la réalité, on ne s'étonnera point de son inexactitude, lorsqu'on saura qu'elle a été mesurée sur le relief d'Exchaquet « *où une ligne de pied de Roi répond à 31 toises* », et non par des procédés trigonométriques.

Sur le panorama du Brévent, annexé à l'ouvrage des Pictet : *Itinéraire de Chamouni, de Sixt, des deux Saint-Bernard et des vallées autour du Mont Blanc*, publié en 1840, on trouve, sous le n° 70. l'*Aiguille de Bionnassay*. Quant à la grande carte sarde au 50.000° parue en 1852, elle enrichira cette appellation d'une dénomination nouvelle. On lit, en effet, sur la feuille Mont Blanc de cette carte : *Aiguille de Miage ou de Bionnasset*, avec la première mention de son altitude, à savoir *4.061 mètres*.

La première carte italienne (au 50.000°) et la première carte française (E. M. F. au 80.000°) parues à peu près vers la même époque après la cession de la Savoie à la France se partagèrent cette double appellation. La carte italienne adopta l'Aiguille de Miage, mais lui accola la cote 4.008 mètres, tandis que la carte française, qui prit la cote 4.061 mètres, fit sienne la dénomination d'Aiguille de Bionnasset (*sic*) avec cette graphie qui subsiste encore sur le type 1889 de cette carte.

Le 100.000° italien adoptera à son tour le nom d'Aiguille de Bionnassay 4.008 m. ; la carte Mieulet également, avec la cote 4.061 m. Ce nom figurera aussi sur la carte Barbey, Kurz et Imfeld au 50.000° avec la cote 4.066 m. Whymper dans son *Guide du Mont Blanc* donne la cote française 4.061 m. et Vaccarone, dans la statistique de son *Guide des Alpes Occidentales*, la cote italienne 4.008 m.

Enfin les Vallot calculeront la cote 4.052 m. (8).

(8) *Répertoire des altitudes principales du Massif du Mont Blanc*, par H. et J. Vallot, p. 23.

HISTOIRE ALPINE

LA PREMIÈRE ASCENSION

28 juillet 1865.....

L'Aiguille, depuis les millénaires, attend encore la première visite de l'homme.....

Cependant, au Pavillon de Bellevue, trois Anglais, réveillés par la mère Perroux, « se lèvent en frissonnant, avec ce mécontentement et ce dégoût particuliers aux gens que l'on tire de leur premier sommeil ». Ce sont Edward-N. Buxton, Florence-C. Grove et R.-J.-S. Macdonald, qui se préparent à gravir l'Aiguille de Bionnassay, le seul pic au-dessus de 4.000 mètres qu'eussent épargné — à leur avis — les dévastations de l'Alpine Club. Ils ont pour guides Jean-Pierre Cachat, dit Piolet, et Michel-Ambroise Payot.

Un porteur, engagé spécialement pour les conduire jusqu'au Glacier de Bionnassay, égare la caravane dès l'extrémité du chemin frayé. On retrouve le sentier 500 m. plus haut, comme il arrive toujours en pareil cas, et l'on atteint Tête-Rousse, puis le glacier. On le traverse pour gravir le petit promontoire rocheux qui émerge dans la partie inférieure du versant glaciaire Nord-Ouest. Mais ici il convient de laisser la parole à F.-C. Grove, qui a rapporté les péripéties de cette mémorable journée (9) : « Il semblait n'exister aucune raison spéciale de choisir un point du glacier plutôt qu'un autre ; tous étaient également rébarbatifs et paraissaient impraticables. Enfin, après une patiente investigation, nous découvrîmes une voie qui devait offrir une très légère chance de succès. Gagner directement le sommet, du point où nous nous trouvions, était évidemment impossible, parce que, par endroits, les plaques de neige épousaient la forme d'une voile gonflée par le vent ;

---

(9) Dans l'*Alpine Journal*. II. pp. 321-32. Je ne résiste pas au plaisir de donner ici presque in-extenso ce joli morceau de littérature alpine, que mon ami R. de Malherbe — je le remercie ici — a bien voulu traduire pour les lecteurs de la *Revue Alpine*.

Pour les gens pressés, voici le résumé de l'itinéraire :

Remonté le versant N.-O. en appuyant à droite, gagné l'arête de Tricot entre l'Aiguille de Tricot et le sommet, et remonté cette arête jusqu'à la cime de Bionnassay.

Descente par cette même arête, puis par le versant S.-O., où ils bivouaquent vers 3.500ᵐ.

au contraire, par une route sinueuse, et par une seule, nous
pourrions probablement atteindre la crête : là, il nous faudrait
marcher ou ramper de notre mieux le long de l'arête jusqu'au
but. Cette voie n'avait rien d'attrayant, coupée qu'elle était
en maints endroits par des traces d'avalanche ; mais il n'y
avait pas d'autre moyen d'accès, à l'exception d'une pente
si raide que la neige n'avait pu y tenir et avait laissé la glace
à nu et, de plus, rabotée par les rafales de pierres détachées
des rochers supérieurs — état de choses fort déplaisant pour
moi, qui n'ai jamais pensé, comme Buxton, que les chutes de
pierres animent une pente de glace et en corrigent la lugubre
monotonie.

« Nous prîmes donc cette route. Elle se montra délicate,
pénible et quelque peu dangereuse ; nous eûmes, en effet,
souvent à remonter les lits d'avalanches dont il nous fallait
fouler les débris, des couloirs où la neige, n'ayant pas eu le
temps de se consolider, devenait molle sous le soleil du matin
et où il nous semblait enfoncer davantage à chaque pas. Avec
beaucoup de peine, nous avancions peu. Nous nous traînions
et nous pataugions comme le chrétien dans l'océan du déses-
poir, mais nous n'avions pas d'ange qui nous tendît la main.

« Enfin, lorsqu'après beaucoup d'efforts nous eûmes franchi
ces fondrières, nous nous trouvâmes perchés sur une corniche
de glace bien arrondie et dont la courbe délicate s'élevait si
raide qu'en regardant entre mes talons la tête de l'homme qui
me suivait, je me demandais si vraiment ce dernier avait un
point d'appui ; et je songeais à ces dessins primitifs qui repré-
sentent un immense navire sur un globe terrestre minuscule.

« Le pauvre Cachat, qui était en tête, eut alors à tailler un
si grand nombre de marches que les bras m'en firent mal pour
lui. Tandis que ses efforts, comme il advient en pareil cas,
ne semblaient pas nous rapprocher de l'arête, la taille continua, harassante. Je commençais à renoncer à tout espoir et
faisais mentalement le vœu de passer le reste d'une vie gâchée
à Bedford, quand je vis la silhouette de Cachat se profiler
sur le ciel.

« Un instant après, debout à ses côtés, je constatais que nous
avions enfin atteint l'arête et que nous dominions le glacier
septentrional de Miage, tandis que, au-dessus de nous, « haut
dans la brume du Nord », culminait la cime de Bionnassay.

« Il nous avait fallu cinq heures de dur labeur pour parvenir
à l'arête depuis le promontoire rocheux. Bien que la journée
fût déjà avancée et le sommet encore loin, nos corps exténués
réclamaient du repos, et nous nous blottîmes contre quelques
rochers, relativement confortables et à l'abri du froid.

« Les guides mangèrent et fumèrent comme eux seuls savent

le faire. Buxton et Macdonald, rayonnants, suivirent leur
exemple et reprirent ensuite une discussion animée, commen-
cée la veille à Chamonix, sur les relations qui existent entre
les racines grecques et sanscrites. Pour moi, hélas! la neige
molle m'avait tristement éprouvé. J'étais contraint de repous-
ser nourriture, tabac et philologie pour ces mêmes raisons
qui induisent certains voyageurs, au passage du Détroit, à
regarder obstinément par dessus le bastingage, du côté opposé
au vent.

« Au bout de peu de temps, le sentiment du devoir s'éveilla
de nouveau en nous. Les discussions linguistiques cessèrent;
les guides rentrèrent dans les sacs les provisions qu'ils
n'avaient pu « mettre en lieu sûr » et nous partîmes le long
de l'arête vers la belle cime autour de laquelle des rubans de
brume dense s'enroulaient rapidement.

. . . .

« Notre arête était spécialement désagréable. D'un côté, une
face de glace luisante; de l'autre, de mauvais rochers où de
petites corniches donnaient au pied un soutien précaire jusqu'au moment où le poids du corps reposait complètement sur
lui; elles s'effondraient alors délicatement. Je trouvais
l'avance difficile. J'étais cependant bien placé, avec Cachat
devant moi et, derrière moi, six pieds de matière solide en la
personne de Buxton qui, ferme comme le grand mât d'un vais-
seau à trois ponts, était toujours prêt à me remettre d'aplomb
quand je trébuchais et à m'inciter aimablement à prendre courage et à continuer, ce que je faisais de mon mieux. Les
choses cependant prenaient mauvaise tournure; le temps jusqu'alors incertain se décidait à se gâter, la neige se mit à
tomber drue dès que nous eûmes quitté le lieu de notre halte;
le vent se leva rapidement et un orage formidable parut fon-
cer sur nous des hauteurs voisines. La route devint de plus en
plus mauvaise. Nous dûmes passer en équilibre sur une arête
de neige peu sûre et très fragile; puis, contourner en rampant
des pinacles de mauvais rocher schisteux tout glissants de
neige à demi fondue; enfin nous tailler un passage sur une
vaste plaque de glace fort inclinée où la neige, qui tombait
à gros flocons, semblait s'épaissir de plus en plus, et où le
vent soulevait en même temps une fine poussière de neige, la
tordait en volutes fantastiques et nous la lançait au visage
quand nous nous arrêtions par instants, littéralement incapa-
bles d'apercevoir quoi que ce soit à travers le rideau des flocons que la tourmente faisait tourbillonner. Nous entendions,
de plus, tandis que se taillaient lentement les marches, les
pointes des piolets émettre un sifflement assez harmonieux,

Vue prise du sommet du Pic Louis Amédée (4772 m.)
de la Crête du Brouillard.

mais de mauvais augure, car il nous annonçait que nous étions maintenant au cœur de l'orage.

« Enfin nous atteignîmes un point où la grande crête de glace se transformait en une arête aussi fine que le sommet d'une vague qui déferle. Nous la suivîmes, d'abord debout, puis à califourchon ; nos regards anxieux s'efforçaient de percer le voile qui nous entourait. Nous savions, en effet, que nous étions au sommet ou tout près de lui ; mais l'arête s'élevait en une pente si douce qu'il était difficile de dire quel était le point le plus haut. Le rideau de neige se leva enfin pendant quelques minutes et nous permit de constater que nous étions au point culminant ou que nous venions de le dépasser ; car l'arête s'abaissait rapidement et s'affinait encore à mesure qu'elle descendait. Elle était, à coup sûr, fort étroite, au point que nous avions atteint ; nous n'aurions pu, même une seconde, nous y tenir debout. A califourchon, encastrés dans la neige, nous ressemblions à des statues baroques placées là en guise d'épouvantails pour empêcher d'autres alpinistes de s'aventurer en de pareils lieux.

« Nous goûtions cependant la joie d'avoir atteint un sommet qui a, parmi les formes bizarres et diverses des montagnes, son cachet à part. L'Aiguille de Bionnassay se termine, en effet, par une lame plutôt que par une pointe ; elle finit en une sorte de parapet effilé presque horizontal sur une certaine longueur et qui jaillit du grand cône de glace formant une partie du pic terminal.

« De notre perchoir inconfortable, nous pouvions voir cette arête descendre en s'incurvant largement jusqu'au moment où elle rencontrait une des solides murailles issues du Dôme du Goûter et qui semblait servir de culée à cette arche aérienne. Vue ainsi en raccourci, l'arête formait un demi-cercle parfait. Sur le moment, je jugeai ce spectacle le plus terrifiant que j'eusse jamais vu dans les Alpes. Je sais bien qu'une arête de ce genre doit faire une impression exagérée sur des malheureux à moitié gelés, au sein d'une violente tempête, et qui la voient du haut d'un pic resté vierge jusque-là. J'ajoute que nous eûmes fort peu de temps pour la contempler, car la neige nous aveugla de nouveau, cachant arête et Dôme et nous rappelant en quelque sorte aux réalités de l'existence ; nous constatâmes qu'il était plus de 3 heures de l'après-midi. Quatorze heures s'étaient écoulées depuis notre départ du Pavillon de Bellevue.

« Une question se posait, urgente : qu'allions-nous faire maintenant ? Buxton se montrait enchanté de la situation et proposa froidement de rester là deux heures pour attendre une éclaircie. Sa proposition n'ayant eu aucun succès, il remarqua gaiement qu'il était vraiment surprenant de constater une pareille dépression à une telle altitude. Il ajouta en débouchant le flacon d'eau-de-vie qu'il allait vite nous ressusciter, propos que je ne répétai pas aux guides, dont je jugeais les nerfs suffisamment éprouvés déjà. Nous les consultâmes néanmoins sur le parti à prendre. Il fut vite décidé qu'il fallait renoncer à atteindre le Dôme du Goûter ; d'abord, nous n'en avions pas le temps ; ensuite, cela paraissait impossible. Nous allions descendre la lame de glace que nous avions gravie et tenter de gagner le Glacier de Miage par les pentes inconnues du versant Sud de l'arête. Aucun de nous n'avait, en effet, la moindre envie d'essayer la descente par le versant Nord, par ces pentes de neige et de glace qui nous avaient amenés à la crête. Je crois que cette tentative eût offert à nos dépens une démonstration expérimentale trop complète des lois de la pesanteur et du frottement.

« La descente, alors que la tempête continuait à faire rage, fut difficile et si laborieuse que je craindrais d'être taxé d'exagération si je voulais décrire la manière dont elle affecta sur le moment guides et touristes. Nous atteignîmes enfin le pied de ce talus de glace et nous reprîmes nos traces le long de l'arête qui, toute mince qu'elle nous eût paru être à la montée, fut néanmoins la bienvenue. Puis nous tournâmes à gauche et nous descendîmes un profond couloir qui traversait les roches de la face Sud jusqu'à ce qu'il devînt trop chaotique et trop abrupt. Nous en prîmes un deuxième, un troisième, un quatrième, car les couloirs de la face Sud de l'Aiguille de Bionnassay, sont comme les majuscules dans un Acte du Parlement : il y en a beaucoup, mais n'importe où.

« Nous fûmes, pendant tout le trajet, exposés aux chutes de pierres, à la grande indignation de Buxton : il estimait vraiment déplacé de la part de ces projectiles qui pouvaient dégringoler partout où il leur plaisait, le fait de choisir avec insistance la seule ligne praticable à des humains.....

« Nous atteignîmes, au crépuscule, la tête de la branche Nord du Glacier de Miage et la nuit tombait quand nous parvînmes, avec quelque peine, à un îlot de rochers. Nous fûmes vite familiarisés avec leur contexture et jugeâmes nécessaire de bivouaquer sur place, car il était évidemment impossible d'aller plus loin avant le lendemain.

« Notre situation n'avait rien de plaisant. Nous avions des vivres, mais rien à boire. En fait, nous n'avions bu, depuis le départ, qu'un peu de cognac, notre vin vieux ayant été abîmé par des gourdes de caoutchouc neuves qui lui avaient communiqué un goût peu fait pour réjouir le cœur de l'homme. Il y avait là plusieurs torrents, mais ils étaient inaccessibles.

Buxton fit observer que le lendemain il y aurait beaucoup de
rosée sur la montagne ; c'était une piètre consolation. Pour
comble de malheur, nous étions trempés, la neige fine ayant
pénétré partout. L'excellent baromètre de Buxton nous apprit
que nous étions à 11.500 pieds (3.505 m.). Nous avions pu
voir, avant qu'il fît noir, que nous dominions de haut le Col
de Miage.

« Heureusement la nuit fut calme ; la tempête était passée et,
malgré l'absence de confort, il était impossible de ne pas
ressentir la beauté des montagnes éclairées par la lune. Il
était curieux aussi de noter l'extinction graduelle des bruits
du glacier à mesure que le froid se faisait plus intense. Quand
nous avions atteint les rochers, le bruit aimable de cent cas-
catelles rompait le silence de la nuit ; la gelée les avait fait
taire une à une ; seul, grondait encore un fort torrent, voisin
de notre perchoir ; peu à peu, sa voix puissante se transforma
en un murmure qui s'éteignit à son tour ; rien ne troubla plus
le silence universel, silence d'autant plus impressionnant que
nous ne savions trop si nous ne serions pas gelés comme les
torrents ; ce doute nous apportait cette note de crainte, indis-
pensable — dit-on — pour faire pleinement apprécier le
sublime.

« Quelques pierres, qui passèrent au-dessus de nos têtes avec
le bruit d'un boulet de canon, nous obligèrent à quitter notre
premier gîte. Nous dûmes nous installer sur une petite pente
de rochers analogues aux cages de torture du moyen âge : on
ne pouvait s'y tenir ni debout, ni couché, ni assis. C'est en
ce lieu déplaisant que nous passâmes sept misérables heures,
coupées par de brefs intervalles de sommeil ou plutôt de
« frétillement semi-inconscient ». Nous essayâmes tous, sans
succès, nombre de positions différentes ; chacune était pire
que la précédente. Macdonald s'était d'abord félicité d'avoir
trouvé une place relativement moelleuse ; il changea d'avis
lorsqu'il s'aperçut qu'il était assis sur des fragments de glace
qui lui démontrèrent le principe de la recongélation, en fon-
dant d'abord puis en se soudant à lui.

« La nuit s'écoula péniblement. Enfin, le ciel devint gris et le
froid plus aigre annonça l'approche du jour. Un dernier verre
de vin fleurant le caoutchouc, un lit de pierres, un bain mati-
nal de rosée ont sur les gens des effets différents. J'étais en-
gourdi et, peut-être, un peu grincheux : mais Buxton, à l'aube,
souriait si béatement en fumant sa pipe que je ne pus m'empêcher de lui demander assez aigrement le motif d'une bonne
humeur aussi intempestive. Il me répondit qu'il venait de
trouver, à propos des racines grecques et sanscrites, un argument qui réduirait à néant les paradoxes de Macdonald. Et

quand, dans un désir louable d'être spirituel, je fis judicieusement remarquer que tout a une fin et que cette pénible nuit allait enfin se terminer, il me répondit sur un ton dégagé que cet axiome était juste, mais que, dans le cas présent, la question se posait de savoir qui finirait d'abord, la nuit ou nous.

« L'aurore se décida à paraître, mais si tard que, pour la première fois de ma vie, je soupçonnai le soleil de flâner au lit. Nous nous secouâmes machinalement, tandis que Cachat, dès qu'il fut dégelé, cherchait une voie de descente. J'admirais sa force tranquille, tandis qu'il passait légèrement d'une corniche branlante à une autre et se perchait sur l'extrémité d'un pinacle, silhouette farouche qui ne détonnait pas dans la gloire désolée de cette solitude. Des glaçons pendaient à sa barbe, d'autres étincelaient sur ses épaules ; ses vêtements en désordre, après cette nuit de bivouac, drapaient ses formes musclées avec une certaine grâce naturelle, que rehaussaient les larges blessures infligées aux dits vêtements par les trajets exécutés la veille, assis sur des rochers rugueux..... mais je m'écarte de mon sujet.

« Nous descendîmes d'assez bons rochers qui mirent cependant à l'épreuve nos membres fatigués. Puis, nous jetâmes un dernier regard sur la montagne que nous quittions et j'entendis alors avec horreur Buxton dire que le pied de l'homme n'avait pas encore foulé ce fier sommet. Je m'empressai de soutenir notre droit à l'avoir atteint. « C'est vrai, répondit « Buxton, mais pas debout ».

« Huit pénibles heures à travers les rochers, le glacier, sur des pentes herbeuses et la grand'route, nous conduisirent de notre bivouac à Saint-Gervais, où nous arrivâmes à midi, sous un soleil cuisant.

« Nous fûmes assez froidement reçus dans cette élégante ville d'eau. L'hôtel était plein d'étrangers venus là pour les bains — ils en avaient certainement besoin — et ne se souciant guère de la montagne ni de l'Alpine Club. Le continent — nous avait-on très justement prévenus — respecte les lois de l'étiquette. Aussi nos vêtements souillés et nos lourdes chaussures nous valurent-ils maints regards étonnés et dédaigneux. Et quand l'air harassé, nous entrâmes dans la salle à manger, la sélecte assemblée frémit d'horreur contenue ; tandis que Buxton faisait observer qu'il était étrange de trouver aussi froids des gens qui ne se traitaient qu'à l'eau chaude. Pendant tout le repas, on nous fit sentir que nous n'étions pas à notre place. Plus d'une *Fraülein* à l'opulente chevelure et dont les lèvres roses se refermaient encore sur la pointe de son couteau, plus d'un *Graf* puissant et dont la main n'avait pas complété le tour de l'assiette qu'il était en train de nettoyer, regardèrent avec un mépris hautain ces trois Anglais qui, avec une véritable arrogance d'insulaires, se permettaient de déjeuner, à table d'hôte, en chemise de flanelle et en culottes.

« Je ne parlerai pas de la fin de la journée, qui n'eut plus grands rapports avec l'Aiguille de Bionnassay ; ensuite mes souvenirs sont assez vagues. Je me rappelle seulement que, vers la fin de l'après-midi, Buxton et Macdonald discutaient encore sur les racines grecques et sanscrites ; tandis que Cachat, chez qui le désir de disserter sur nos exploits luttait contre une certaine difficulté d'élocution, justement attribuée par lui aux nombreuses marches qu'il avait dû tailler, expliquait à un cercle d'admirateurs comment nous avions gravi une montagne bien plus élevée que le Mont Blanc, et dormi dans une caverne creusée par nous dans la glace vive. »

Cette ascension, hardiment menée dans des conditions très défavorables, fait le plus grand honneur aux guides qui l'ont conduite et aux alpinistes qui l'ont effectuée. Elle devait naturellement exciter la jalousie des autres guides et l'on ne manqua pas de la contester. En 1877, dans sa première édition du Mont Blanc, Charles Durier parle encore de l'*inaccessible* Aiguille de Bionnassay. Il est vrai qu'il ajoute en note : « Inaccessible est peut-être trop dire. MM. C. Grove, E. Buxton et Macdonald pensent avoir atteint le sommet de l'Aiguille de Bionnassay le 28 juillet 1865, avec les guides Jean-Pierre Cachat et Michel Payot. Cette ascension est contestée dans la vallée de Chamonix. Les voyageurs ont pu se tromper, ils étaient plongés dans un brouillard épais et n'ont reconnu leur situation, assez vaguement à ce qu'il semble, qu'à la faveur d'une éclaircie ; la description qu'ils font de l'arête finale s'accorderait mal avec ce qu'ont appris des reconnaissances ultérieures, poussées jusqu'à 200 mètres environ de la cime. » (10) En outre, Charles Durier a communiqué les renseignements suivants à P. Vignon qui fera la deuxième ascension à l'Aiguille en 1885 : « Le chasseur Rosset, qui essaya inutilement de gravir les trois arêtes de notre Aiguille, parvint à 200 mètres de la cime sur l'arête Ouest et fut arrêté comme sur l'arête Est par un ressaut de rochers. Il nie que les grimpeurs anglais aient pu s'élever plus haut... Voici une objection plus grave : F. Payot, guide-chef de M. Grove (11), ne répondit jamais catégoriquement lorsqu'on lui demandait si réellement il avait, en 1865, atteint la cime de l'Aiguille de

---

(10) Durier. Le Mont Blanc. 4ᵉ édition, 1897, p. 310, note 1.
(11) M. Payot, et non F. Payot, n'était pas le guide chef de l'expédition ; c'était Cachat dit Piolet.

Bionnassay. M. Durier fut témoin des hésitations de Payot et de ses efforts pour déplacer la question. » (12).

Ainsi, qu'oppose-t-on à la réalité de l'ascension de 1865 ?

1° *Les voyageurs n'auraient reconnu leur situation qu'à la faveur d'une éclaircie.* — Que faut-il de plus ? Il semble, au contraire, qu'ils aient admirablement profité de l'éclaircie pour voir l'arête Est qu'ils décrivent très bien et discuter la possibilité du retour par celle-ci. S'ils ne l'avaient pas vue, comment auraient-ils su son existence et pourquoi en auraient-ils parlé ? Or, montant par l'arête Ouest, on ne peut apercevoir l'arête Est qu'une fois au sommet.

2° *La description qu'ils font de l'arête finale s'accorderait mal avec ce qu'ont appris les reconnaissances ultérieures.* — Or, il semble difficile de mettre en parallèle les assertions des trois Anglais, gens cultivés, sachant voir et décrire, avec celles du chasseur Rosset, car, en fait de reconnaissances ultérieures il n'y a encore eu, en 1877, que les reconnaissances d'Ernest Rosset (13) en 1874 ; mais surtout ce dernier n'étant allé sur l'arête Ouest qu'à 200 mètres du sommet — suivant les dires de ce *testis unus*, plus contestables que les témoignages d'une caravane de cinq personnes — et la pente finale de cette arête étant très raide (50° environ), il se trouvait alors à 150 mètres au moins *au-dessous de la cime*, et il a la prétention néanmoins de dire comment celle-ci est faite !

Nous ajouterons que la description de Grove est remarquablement exacte et il est permis, au contraire, pour qui connaît les lieux, d'être étonné du don particulier d'observation dont il a fait preuve, étant donné les circonstances si défavorables de son court séjour au sommet.

3° *Rosset ayant été arrêté sur l'arête Ouest par un ressaut de rochers, nie que les grimpeurs anglais aient pu s'élever plus haut.* — Ah ! que voilà bien une psychologie connue ! Cependant Grove indique ces rochers — « *pinacles de mauvais rochers schisteux tout glissants de neige à-demi fondue* » (14) et comment sa caravane les a contournés. Il semble

---

(12) Annuaire du C. A. F., 1885, p. 77.

(13) E. Rosset aurait fait une reconnaissance sur chacune des arêtes de Bionnassay ; on ne sait rien de celle de l'arête Sud qui ne doit pas avoir été poussée bien loin ; celle de l'arête Est a été arrêtée non loin du Col de Bionnassay par *des rochers* qui semblent décidément n'avoir pas sa faveur.

(14) Ces pinacles sont les derniers rochers que la caravane Grove a rencontrés sur l'arête. Si donc ce ne sont pas ceux dont a parlé Rosset, c'est que Rosset n'a même pas atteint ce point.

vraiment qu'on n'ait pas lu très attentivement la relation de
l'*Alpine Journal*, ou qu'on ne l'ait pas bien comprise.

4° *L'attitude ultérieure de M. Payot.* — On verra un peu
plus loin ce que, en 1898, M. Payot écrira lui-même au sujet
de cette course.

La réalité de l'ascension de 1865 ne peut donc faire aucun
doute. Il est surprenant que l'esprit critique de Charles Durier ait pu se laisser prendre aux racontars de gens intéressés
à la nier et aux billevesées du chasseur Ernest Rosset. Nous ne
nous sommes nous-mêmes attardés à réfuter ces racontars qu'en
considération de la personnalité de celui qui s'en est fait le
porte-parole (15).

Trente-trois années plus tard, l'un des guides de la caravane de 1865, Michel-Ambroise Payot, hospitalisé à Reignier,
racontait comme suit les souvenirs de ces journées, dans une
lettre qu'il adressait à Frédéric Payot et dont M. Henry-F.
Montagnier a eu l'obligeance de me communiquer la copie :

Reignier, le 8 août 1908.

« Mon cher Frédéric,

« Je voulais te demander si le chemin de fer qu'on fait par
Tête-Rousse pour aller au Mont Blanc travaille toujours.....
et encore l'ascension de l'Aiguille de Bionnassay de moi et
Cachat dit Piolet Jean-Pierre. Je vois d'ici la pente que nous
avons montée ; arrivés à peu près à un kilomètre du sommet et
puis par une arête très rapide et ensuite montés à califourchon,
et après, redescendus derrière l'aiguille près du Col de Miage
et passer la nuit là tout mouillés.

« C'était à en crever ; Piolet me disait de temps en temps :
si nous ne crevons pas cette nuit on peut dire que nous sommes
des durs. Les trois Anglais étaient à 15 mètres de nous. Ils
nous appelaient d'aller les réchauffer et il y avait un couloir
si rapide qu'on n'osait pas le traverser de nuit. Enfin le jour
arrive ; il fallait encore couper des escaliers, au moins une
centaine. Je pars le premier (16) et j'étais très content de me
réchauffer. Enfin nous avons rejoint le chemin du Col de
Miage. J'ai passé le Col de Miage plus tard et j'ai vu l'en-

----

(15) Dans la même note déjà citée, il est vrai que Ch. Durier
ajoute : « Il ne faut pas oublier, cependant, que l'ascension très
réelle de l'Aiguille Verte par M. Edward Whymper, a d'abord été
énergiquement niée par les guides de Chamonix ». Mais ce n'est
là qu'un argument de plus qui aurait dû éclairer Durier.

(16) On a vu que, dans le récit de Grove, c'est Cachat qui semble avoir pris la tête à la descente du bivouac.

droit où on avait passé la nuit. Quand on a été au village de Champel, moi j'ai été au Pavillon de Bellevue et les trois Anglais et Jean-Pierre sont descendus à Saint-Gervais.

« Au Pavillon, chez Michel Perroux, j'ai été bien reçu. On nous croyait morts et moi j'ai voulu leur donner des nouvelles..... » (17).

Nous n'avons pas souvent des témoignages écrits de guides et c'est pourquoi celui-ci m'a paru valoir la peine d'être rapporté. Malgré sa forme simple et même fruste, cette lettre semble refléter assez exactement le souvenir laissé par cette rude ascension dans la tête du vieux guide ; et c'est certainement le souvenir d'une journée qui a compté dans son existence.

---

(17) Dans cette lettre, M. Payot ne parle pas de la cime de l'Aiguille ; mais il y a de telles omissions dans cette lettre d'un vieillard, de telles ellipses pourtant pleines de sens, qu'il ne semble pas qu'on en puisse tirer argument. D'ailleurs. il dit bien en tête de sa lettre : *l'ascension de l'Aiguille de Bionnassay.*

L'EXPLORATION

Vingt ans après, le 31 juillet 1885, Paul Vignon, avec les guides Henri Devouassoud et Alexandre Balmat, faisaient

D'après une vue prise du Dôme du Goûter par M. Robert Perret

D'après une vue prise
de la Tournette (*Alpine Journal*, vol. XXXIX, p. 26)

la deuxième ascension de l'Aiguille de Bionnassay. Bien que les guides chamoniards fussent — de l'avis de Grove — essentiellement conservateurs et même protectionnistes en matière de voies d'ascension, ceux-ci dédaignèrent celles frayées par Cachat et Payot qui avaient décidément gardé une mauvaise réputation. Ils allèrent chercher une voie nouvelle sur le versant italien et furent assez heureux pour trouver un itinéraire qui se révèlera, par la suite, comme celui le plus facile pour atteindre la fière Aiguille. Partis de Courmayeur, ils allèrent coucher la veille à la cabane Cellere (18) au pied des Aiguilles Grises. Ils remontèrent la chute de séracs du Glacier de Bionnassay italien jusque sur le bassin uni du plateau supérieur de ce glacier. Franchissant alors la rimaye à gauche, ils gravirent une pente de bons rochers feuilletés de 250 mètres de hauteur, interrompue par des parcours de neige. Ils atteignirent de la sorte les rochers supérieurs de l'Aiguille ; de là, par le même versant Sud-Est de neige glacée, qui ne demanda que 30 min. de taille, ils gagnèrent la cime.

A la descente, la caravane Vignon voulut suivre l'arête Est, son but étant de rentrer à Chamonix par le Dôme du Goûter. Mais après avoir parcouru 200 mètres à peine sur cette arête, elle fut arrêtée par une corniche de neige, qu'elle ne pensa pas pouvoir contourner et elle revint sur ses pas pour reprendre à la descente l'itinéraire de montée. Une fois sur le Glacier de Bionnassay italien, elle le remonta jusqu'à son origine au Col de Bionnassay et, par l'arête, elle gagna le Dôme du Goûter et Chamonix (19).

L'année 1888 devait voir les troisième et quatrième ascensions de l'Aiguille.

Le 13 ou le 14 juillet, c'est Georg Gruber, consul autrichien à Gênes, qui, avec les guides Kaspar Maurer et Andreas Jaun, monte par l'arête Sud jusque sous le ressaut rocheux de cette arête. Obliquant alors dans le versant Sud-Est, par des rochers coupés de parties neigeuses, ils rejoignent la grande

---

(18) Cette cabane, édifiée vers 1884 par les soins de la Comtesse Giulia Cellere, se trouvait sur la rive gauche du glacier de Miage italien, au-dessous du confluent du glacier de Bionnassay italien, c'est-à-dire un peu au-dessus du glacier sur les derniers contreforts des Aiguilles Grises. A. Ferrari en aperçut encore les restes en 1900 ; il n'en restait plus rien, ou, tout au moins, je n'en ai pu retrouver aucun vestige en 1903. C'est sans doute cette cabane qui figure sur la carte Barbey, mais alors elle est mal située ; à moins que, sur cette carte, on n'ait voulu indiquer une des cabanes de l'exploitation de galène argentifère du Col Infranchissable mais, dans ce cas encore, elle serait mal située.

(19) *Annuaire du C. A. F.* 1885, pp. 73-87.

pente rocheuse de l'itinéraire Vignon qu'ils suivent jusqu'au sommet (20).

La caravane Gruber ne fit qu'amorcer l'itinéraire de l'arête Sud qu'elle voulait sans doute inaugurer. Mais la voie qu'elle traça a son intérêt. Elle est aujourd'hui, et grâce au Refuge Durier, le plus court et l'un des plus commodes chemins pour gravir l'Aiguille.

Il était réservé à une femme de frayer la route de l'arête Sud. Un mois après Gruber, en effet, le 13 août 1888, l'Aiguille de Bionnassay recevait la première visite féminine. Miss Katherine Richardson, avec ses fidèles guides Valdotains, Emile Rey et Jean-Baptiste Bich, part de la Visaille à minuit 15 et remonte tout le Glacier de Miage italien, comme pour aller au Col de Miage ; mais, au lieu de monter à ce col, elle oblique dans la chute de séracs et gagne l'arête Sud à 20 minutes au-dessus du col, par des rochers faciles et une courte pente de neige. Suivant presque exactement l'arête Sud, la caravane arrive à 10 heures au sommet, après avoir taillé de nombreuses marches. Elle ne s'arrêta qu'un quart d'heure sur la cime et, continuant par l'arête Est, elle atteignit le Dôme du Goûter à 13 h. 20, après avoir fait une halte de 55 minutes. De là, elle redescendit à Chamonix, où elle arriva à 18 h. 40, après une journée de 16 heures 10 minutes de marche effective (21), et après avoir ouvert deux nouveaux itinéraires à l'Aiguille. C'était une splendide performance, exigeant une endurance peu commune.

L'exploration de l'Aiguille de Bionnassay était virtuellement terminée. Ce que l'on fit par la suite, ce ne sont guère que réalisations ou que variantes, soit résultant d'erreurs, soit nécessitées par l'état plus ou moins favorable des grandes voies d'accès, soit encore par la recherche de difficultés plus grandes. Trois ascensions avaient suffi pour frayer les cinq grands itinéraires de cette cime (22) et la quatrième (Gruber) avait tracé la voie d'accès la plus commode (23).

---

(20) *Alpine Journal* XIV. p. 150, note.

(21) *Alpine Journal*, XIV, p. 150-1 et note.

(22) En réalité, il restait à frayer l'itinéraire de l'arête Ouest, mais on a vu qu'il avait été suivi en partie par la caravane Grove et il n'y avait plus qu'à parcourir cette arête en entier, c'est-à-dire depuis l'Aiguille de Tricot, ce qui se fera en 1911.

(23) Nous disons la plus commode *aujourd'hui*, depuis la création du Refuge Durier au Col de Miage : parce que évidemment, c'est la voie Vignon, qui marque l'itinéraire le plus facile pour qui se résoudrait à partir de la Visaille, ou même de la Cabane Francesco Gonella.

Si l'exploration de l'Aiguille de Bionnassay fut lente dans le temps — vingt années ayant séparé la deuxième ascension de la première — jamais exploration de grand sommet ne s'était faite avec moins de tâtonnements.

Et cela est dû à la diversité des caravanes qui s'y sont succédé et à leur composition comme guides. Les guides de la première caravane sont chamoniards ; ils cherchent tout naturellement leur voie sur la partie de l'Aiguille visible des environs de Chamonix et, comme ils jugent leur voie d'ascension trop risquée à la descente, ils cherchent pour celle-ci un itinéraire qui les ramène lui aussi sur le versant français. C'est la logique même. A leur retour, ils parlent de ces deux voies dans des termes tels que la légende se crée de leur extrême difficulté et même de l'impossibilité par elles d'atteindre la cime. Et c'est pourquoi, lorsque P. Vignon demandera à deux autres guides chamoniards de faire, vingt ans après, la seconde ascension, ceux-ci préfèreront en tenter la chance par l'autre versant, le versant italien. Ce n'est pas par hasard, en effet, et parce que la caravane Vignon se trouvait à Courmayeur, qu'elle emprunta cette voie, mais bien parce que ses guides l'estimaient meilleure et susceptible de conduire *d'une manière certaine* au sommet. Aussi, partant de Chamonix, la caravane Vignon franchit-t-elle d'abord le Col de Talèfre, pour passer à Courmayeur et pour aller prendre l'Aiguille de Bionnassay à revers. Vint ensuite la caravane Gruber, composée d'un Autrichien résidant en Italie et de deux guides étrangers au pays. Elle part, elle aussi, de Courmayeur et il était naturel qu'elle cherchât à suivre l'itinéraire Vignon ; mais les guides, avant de partir, causent avec leurs collègues du pays, se renseignent et on leur parle de cette arête qui, du Col de Miage monte vers le sommet et qui doit certainement y conduire. Et voilà notre caravane engagée sur cette arête ; au point où elle y rencontre des difficultés, peut-être grandes ce jour-là, elle se souvient de l'itinéraire Vignon et elle va le prendre. La quatrième caravane, la caravane Richardson est conduite par des guides du pays, valdôtains, et le guide chef est Emile Rey. Il ne s'embarrassera pas, celui-ci, des chemins frayés ou non ; de tous les sommets du Val d'Aoste d'où il a pu apercevoir l'Aiguille de Bionnassay, il en a vu la silhouette italienne dessinée sur le ciel par deux arêtes, et ces deux arêtes sont, pour lui, toute l'Aiguille. Ce sont ces deux arêtes qu'il suivra, terminant du coup l'exploration de Bionnassay, d'une manière aussi logique que les formes mêmes de cette belle montagne.

Ces trois ascensions (24) par lesquelles a commencé et s'est achevée la connaissance humaine de l'Aiguille de Bionnassay, se présentent à notre esprit, dans la manière dont elles ont été conçues et menées, comme de belles œuvres, vraiment classiques, mais diverses. S'il nous était permis de faire, au sujet de cette diversité, quelque comparaison avec d'autres œuvres humaines, nous dirions que, si la première — une fois dépouillée de la gangue d'humour et de réserve britanniques qui l'entoure — avec sa fougue angoissée, ses nuageuses hésitations, le complexe et le dramatique de certaines situations, l'imprévu de sa terminaison fiévreuse et comme secouée de frissons, nous fait songer à quelque sonate de Schumann, la deuxième, froidement conçue, exécutée suivant des lignes simples et harmonieuses, rappelle la sévère beauté, maintenue dans des formes rigides, d'une symphonie de Haydn, tandis que la dernière, avec sa voie splendide et sereine, déroulée en plein ciel, évoque le contour mélodique — joyeux et assuré, mais où percent néanmoins quelques accents pathétiques — incessamment repris et développé, de quelque quatuor de Beethoven ou de telle pièce de César Franck.

La 5ᵉ ascension de l'Aiguille de Bionnassay fut faite en 1896 par C. Bosviel avec le guide Joseph Petitgax. Nous n'avons malheureusement pas de renseignements sur cette ascension, autres que ceux rapportés par Mʳ A. Ferrari (*Boll. C.A.I.*, 1901, p. 50) et dus au guide Petitgax, à savoir que la descente se fit par le versant Sud-Est pour rejoindre la Cabane du Dôme. Nous savons, par une note de la *Revue Alpine*, 1897, p. 16, que C. Bosviel fit le 18 septembre 1896 avec les guides Joseph Petitgax et Alphonse Estivin, l'ascension de l'Aiguille de Tricot par son versant Sud-Est en partant du chalet du Col de Tricot et qu'il revint par le même chemin. On peut en déduire que les mêmes guides accompagnaient cet alpiniste à l'Aiguille de Bionnassay et que cette ascension eut lieu à peu près vers la même date, mais nous ne savons pas par quelle voie se fit la montée.

---

(24) Nous exceptons, naturellement. l'ascension Gruber, qui n'est que la résultante d'une velléité et d'une influence.

*
* *

La caravane Richardson avait ouvert le chemin du Mont Blanc par l'Aiguille de Bionnassay, problème alpin que, depuis 1856, les alpinistes, en particulier les Anglais, s'étaient efforcés de résoudre (25).

Mais, si elle avait ouvert la voie, elle ne l'avait point suivie. Escalader le Mont Blanc en même temps que l'Aiguille de Bionnassay, alors que le Refuge au Col de Miage n'existait pas encore, était un tour de force pour lequel il fallait une endurance peu commune et des circonstances exceptionnellement bonnes.

Ce tour de force fut accompli le 16 août 1898, par le capitaine J. P. Farrar, accompagné des guides Daniel Maquignaz et J. Kederbacher (26). Sa caravane quitta la Cabane du Dôme à 5 h. 20 et descendit au Glacier de Miage qu'elle atteignit à 6 h. 5. Remontant au Col de Miage, et faisant en cours de route 40 minutes de haltes, elle arriva à ce Col à 8 h. 45 et continua aussitôt l'ascension dont les diverses péripéties sont relatées comme suit dans le carnet de course du capitaine Farrar : « Du col, gravi une pente de neige, ensuite une arête de neige en corniche jusqu'à un monticule rocheux ; puis par une arête rocheuse abrupte dont les dalles, qui se dressent verticalement en un point, furent tournées sur la droite par une cheminée de glace difficile ; finalement de nouveau par l'arête et par une muraille de glace abrupte jusqu'au sommet de l'Aiguille de Bionnassay à 11 h. 45.

« Le sommet est une longue crête de neige (la muraille de glace finale me rappelle celle analogue sur l'itinéraire habituel du Wetterhorn par la Wettersattel).

« Départ à 11 h. 50. Suivi une arête très abrupte vers le Col de Bionnassay — d'énormes corniches sur le côté français qui était une paroi de neige très raide avec *des dents de requin*. Nous prîmes par le versant italien de l'arête assez loin des corniches. Grandes précautions nécessaires.

« Atteint une bande de rochers sur l'arête de 12 h. 27 à 12 h. 36.

« L'arête devient ensuite moins abrupte.

---

(25) *Peaks, Passes and Glaciers* 1re série, p. 64-7, 74 ; et Durier. *Le Mont Blanc*, 2e édition, p. 310-2.

(26) Les renseignements sur cette ascension nous ont été obligeamment communiqués par le Capitaine J.-P. Farrar.

« Col de Bionnassay, 1 h. 1 à 1 h. 5.

« Rejoint la route du Dôme à 1 h. 24.

« Dôme du Goûter (vrai sommet), 2 h. 17 à 2 h. 25.

« Sommet du Mont Blanc, 4 h. 13.

« Journée splendide — temps chaud — en manches de chemise.

« Quitté le sommet à 4 h. 30.

« Cabane du Col du Midi à 7 h. 28.

« Nous suivîmes la route habituelle par l'épaule du Mont Maudit depuis le Col de la Brenva jusqu'à la Cabane du Midi. »

Coolidge, bon juge en la matière, écrivait à M. Ag. Ferrari, à propos de cette course (27) : « Seulement d'y penser, cela me fatigue, si je considère l'énorme longueur du parcours effectué en un seul jour par cette caravane ». Quant au capitaine Farrar, il m'écrit, avec la simplicité et la modestie qui lui sont coutumières : « It was really not a tremendous day ».

Mlle E. Rochat, qui tenta la même course le 2 septembre de la même année, mais qui partit de la cantine de la Visaille (à 1 h. 40), ne put pas atteindre le Mont Blanc le même jour et ne parvint qu'à minuit 15 au refuge des Bosses (28).

Ce n'est qu'à partir de 1899 que la traversée Bionnassay-Mont Blanc fut rendue possible à d'autres qu'aux jarrets de fer du capitaine Farrar. Cette année-là, en effet, les guides de Saint-Gervais construisirent au Col de Miage une cabane, dont le Club Alpin Français se rendit propriétaire pour une somme de 2.500 francs, et qui devint le Refuge Durier.

Aucune caravane sans guide n'était encore parvenue à cette date à l'Aiguille de Bionnassay (29). La première fut celle des Suisses E. Dunand avec Charles et Adrien M..., le 14 août 1899, qui emprunta le versant Ouest de l'arête Sud (30).

Le 16 août 1899, le docteur Grisel avec Charlet-Straton et les guides Mollard père et fils, tenanciers du chalet du Col de Tricot vinrent coucher au Refuge Durier, à l'occasion de sa réception par le C. A. F. Le docteur Grisel a raconté (31)

---

(27) Voir *A. Ferrari* : NELLA CATENA DEL MONTE BIANCO, in *Bollettino del C. A. I.*, 1901, p. 52.

(28) *Jahrbuch des S. A. C.* 1898-99, p. 71-5.

(29) A. et P. Puiseux avaient fait une tentative infructueuse en 1880 (*Annuaire du C. A. F.* 1880, p. 70).

(30) *Echo des Alpes*, 1900, p. 211-31.

(31) *Annuaire du C. A. F.* 1899, p. 3-26.

comment, le lendemain, ils gravirent l'Aiguille de Bionnassay par un itinéraire empruntant d'abord l'arête Sud, puis la face Sud-Est, répétant, de la sorte, la voie Gruber.

Le 12 juillet 1903, Kern, avec le guide Walter Schauffelberger (32), fit une légère variante à l'arête Sud, en empruntant sur sa plus grande partie, le versant Ouest de cette arête et en évitant, par celui-ci, le ressaut rocheux de la partie supérieure (33).

Le 21 août 1905, G. Faist, L. Moiroud et O. Schulthess, accompagnés des guides Estivin Alphonse et Andenmatten Maurice firent pour la première fois la traversée de l'Aiguille en montant par l'arête Est et en descendant par l'arête Sud. Partis du Refuge Vallot, ils vinrent coucher au Refuge Durier et tinrent l'horaire suivant : Du Refuge Vallot au Col de Bionnassay : 2 h. 40 min. ; de là au sommet : 3 h. 40 min. Du sommet au Refuge Durier : 5 heures (34). Glace très dure, taille longue et pénible.

La première ascension sans guide autrichienne fut faite par la caravane de A. von Radio-Radiis et A. Weber, qui gravit l'Aiguille le 1er septembre 1903, par l'arête Sud, et qui en descendit par la face Sud-Est (34bis).

Je fis, le 2 septembre 1906, la quatrième ascension sans guide (première française) de l'Aiguille de Bionnassay (35) avec le lieutenant Lévêque. L'année suivante, A. Brofferio, A. Hess et Santi firent la première ascension italienne sans guide et le 31 août de cette même année 1907, eut lieu la première ascension britannique sans guide par G. H. Bullock, R. I. G. Irving et H. E. G. Tyndale (36).

Jusqu'ici, l'arête Ouest, l'arête de Tricot, n'avait été suivie que dans sa partie supérieure, dans la plus haute moitié entre l'Aiguille de Tricot et l'Aiguille de Bionnassay, et cela, lors de la première ascension de celle-ci. En 1911, une caravane austro-allemande, sans guide, suivit cette arête dans toute sa

---

(32) Alors guide amateur, W. Schauffelberger, devint ensuite guide aux Montagnes Rocheuses et périt le 18 janvier 1915, dans le massif de la Bernina (A. J. XXIX. p. 199).
(33) *Annuaire du C. A. F.* 1903. p. 84-93.
(34) Renseignements obligeamment fournis par M. G. Faist.
(34 bis) *Rivista Mensile del C. A. I.* XXIII, p. 155, et surtout Œ. A. Z. 203, p. 279.
(35) Voir ci-après le chapitre, *Quelques Souvenirs.*
(36) *Alpine Journal*, XXIV, p. 377 et 442.

Vue prise en Avion.

longueur (37). Elle était composée de Mlles E. Hasenclever et H. Wirthl et de MM. M. Helff, G. von Saar et R. Weitzenböck. Elle partit, le 26 juillet, des Houches à 10 h. 20 et, par le pavillon de Bellevue, où elle s'arrêta plus de deux heures, gagna le Col de Tricot, d'où elle ne repartit qu'à 17 h. 05, pour suivre l'arête raide et herbeuse, puis son versant Sud-Ouest jusqu'à la Pointe Ouest de Tricot qu'elle atteignit à 19 h. 05. Un bivouac fut établi à quelques minutes au Sud du sommet, bivouac bien choisi, puisqu'il procura à la caravane « une nuit agréable ».

Celui-ci fut néanmoins levé à 3 h. 40. La caravane suivit d'abord l'arête, facile, puis elle escalada ou tourna par la droite quelques gendarmes ; enfin, par une escalade dans du rocher abrupt et mauvais, elle atteignit la Pointe Centrale de Tricot (5 h. à 5 h. 25). Par des blocs et des plaques sur l'arête même, elle parvint à la Pointe Orientale (7 h. 10 à 7 h. 50) ; d'où, suivant l'arête effilée, tantôt en escaladant quelques gendarmes, tantôt en contournant péniblement quelques autres, elle arriva à la brèche qui précède l'Aiguille de Tricot (8 h. 50 à 10 h. 20). La caravane monta ensuite tout droit dans des rochers en pente raide, puis elle obliqua à droite par un contrefort et gravit ensuite un névé raide et glacé où les crampons furent très utiles. Dans la dernière partie, quelques rochers conduisirent au dôme neigeux de l'Aiguille de Tricot (14 h. 35 à 15 h. 20). Toujours par l'arête, dans de la neige molle interrompue par quelques gradins rocheux, raides mais faciles, la caravane rejoignit l'itinéraire Buxton et atteignit le sommet de l'Aiguille de Bionnassay à 17 h. 20, où elle fit halte pendant 25 min. Le leader de la caravane qui semble avoir été le Dr Richard Weitzenböck avait déjà gravi cette cime, le 19 juillet 1907, en compagnie de R. Hesse et de R. Iberer (38). Il y était parvenu par l'arête Sud, depuis le Refuge Durier, et avait ensuite gagné le Refuge Vallot par l'arête Est, le Col de Bionnassay et le Dôme du Goûter.

Ce fut ce même itinéraire de retour que choisit la caravane de 1911. Elle gagna le Col de Bionnassay en 1 h. 15 min. par le versant Sud de l'arête Est dans de la mauvaise neige (39). Ce n'est qu'à 22 h. 05 qu'elle atteignit le Dôme du Goûter et à 23 h. qu'elle pénétra dans le Refuge Vallot.

Le 14 août 1919, Mr R. W. Lloyd avec Joseph et Adolphe Pollinger effectua la première ascension du versant Nord du

---

(37) Voir l'Œ.A.Z. 1912, p. 42-3 et 183-4. d'où sont extraits les renseignements relatifs à cette course.

(38) Œ. A. Z. 1908, p. 5.

(39) Le 19 juillet 1907, la caravane Weitzenböck n'avait employé que 30 minutes pour aller de l'Aiguille au Col de Bionnassay.

Col de Bionnassay. Cette très belle course glaciaire inspira à Mr R. W. Lloyd le désir d'atteindre le sommet de l'Aiguille de Bionnassay directement par sa face Nord sans toucher à l'arête Ouest, non plus qu'à l'arête Est. Il mit ce projet à exécution le 18 juillet 1926, avec l'aide des mêmes guides, les Pollinger, en partant du Pavillon de Tête Rousse à 2 h. 50 et employant 7 h. 20 min. pour atteindre la cime. On trouvera le tracé de cet itinéraire, difficile à décrire simplement par le texte, dans l'*Alpine Journal*, XXXVIII, p. 310 et, sur une photographie plus nette, dans l'*Alpine Journal*, XXXIX, face à la p. 31. C'est ce dernier que nous avons reproduit ci-après, p. 46. Ce tracé a été dessiné par Joseph Pollinger et il indique fort bien la route suivie dans le dédale de séracs et crevasses qui constituent la face Nord de l'Aiguille de Bionnassay (40).

Le 13 août 1926, M. P. Langlois, avec les guides Louis Delachat et Léon Orset (41) reprit soixante et un ans plus tard l'itinéraire Buxton, qui n'avait pas été refait et quatre jours après, le 17 août 1926, M. Oliver, avec les frères Aufdenblatten, reprenait l'itinéraire Lloyd, avec une légère variante sur la fin, puisqu'au lieu d'atteindre directement le sommet de Bionnassay, il atteignit d'abord l'arête de Tricot qu'il suivit pendant 10 minutes avant de fouler le point culminant (42).

L'année 1927 vient marquer d'une touche sombre l'histoire jusqu'alors sereine de l'Aiguille de Bionnassay. Le 17 août, deux jeunes Allemands, Bichof et A. F. Grünwald, gravirent l'Aiguille par la face Nord et périrent au retour, dans le parcours de l'arête entre le Col de Bionnassay et le Dôme du Goûter (43).

Mais cet accident n'est pas imputable à l'Aiguille de Bionnassay qui, cette fois encore, fut clémente à ses visiteurs. Puisse-t-elle le demeurer longtemps et comme, aussi bien, *en montagne, c'est l'inattendu qui arrive toujours* (44), il faut espérer qu'à Bionnassay il n'arrivera jamais rien, puisque, sur cette fière cime, il faut s'attendre à tout.

---

(40) Pour le texte voir *A. J.* XXXVIII p. 309-10; XXXIX, p. 25-35 et *Annuaire G. H. M.* 1927, p. 62-4.

(41) *La Montagne* 1927, p. 129-33; *Annuaire G. H. M.* 1927, p. 65

(42) *Alpine Journal* XXXVIII, p. 310.

(43) Voir *La Montagne* 1927, p. 283. C'est sur le parcours de cette même arête — croit-on — qu'avait disparu la caravane H. de Villanova, A. Castagneri et J. Maquignaz en Août 1890. Cette arête dépend plus du Dôme du Goûter que de l'Aiguille de Bionnassay.

(44) *Mummery.*

Refuge Durier, au Col de Miage

QUELQUES SOUVENIRS

Le 2 septembre 1903, je partais, avec mon frère, de la Cabane du Dôme (45), pour gravir le Mont Blanc par les Aiguilles Grises.

En arrivant à l'arête, un peu au-dessus du Col de Bionnassay, au moment où se découvre subitement la vue splendide et inattendue du versant français, nous fîmes une courte halte. Parmi les objets innombrables qui sollicitaient nos regards, depuis le plus lointain horizon, un surtout, tout proche, nous attirait avec une insistance singulière.

— L'arche du Walhalla! dit mon frère.

Et c'était, silhouettée sur un ciel de ce bleu intense des grandes altitudes, la longue arête blanche qui, à notre gauche, développait les volutes de ses corniches de neige jusqu'à la fine sommité de l'Aiguille de Bionnassay.

Elle paraissait si proche, cette cime, et elle nous invitait si gentiment! Mais le temps m'était strictement mesuré; notre programme était fixé dans tous ses détails, sans possibilité pour nous d'en distraire une journée et il devait se dérouler dans le groupe du Géant.

---

(45) C'était, à ce moment-là, une petite cabane tout intime, je dirai presque familiale, avec ses deux pièces minuscules. Depuis deux ans on l'a agrandie. Elle s'appelle maintenant Cabane Francesco Gonella ; elle peut abriter 30 personnes — tout un monde — et de plus elle est gardée. Mais qu'est devenue l'intimité charmante d'antan ?

D'ailleurs, l'arête de droite, effilée, elle aussi, à souhait et prometteuse de riches sensations, n'était guère moins belle. Nous tournâmes le dos, ce jour-là, à l'Aiguille de Bionnassay, pour monter vers le Dôme du Goûter, mais, de cet instant, la fière Aiguille s'inscrivit sur la liste de mes projets alpins.

Trois années plus tard, jour pour jour, je quittais le Fayet avec mon camarade, le lieutenant Lévêque, à 4 heures du matin. Nous avions des provisions à faire pour compléter nos sacs et, en conséquence, nous n'avions pu partir plus tôt.

A Saint-Gervais, nous perdons une heure à faire lever les épiciers, mais n'avions-nous pas toute la journée devant nous? Enfin, à 6 h. 30, nous quittons le village pour remonter la route de la vallée de Montjoie.

Nous devions, ce soir-là, aller coucher sur le col de Miage, au Refuge Durier, pour traverser, le lendemain, les Dômes de Miage et descendre au Pavillon de Trélatête, où m'attendait un autre compagnon.

Bien que la montée de ce jour promit d'être longue, avec ses 2.800 mètres d'ascension, ou, peut-être, à cause de cela, nous allions doucement, devisant de notre course du lendemain. Et, naturellement, nous n'étions pas arrivés au pont de Bionnay, que, déjà, nos projets étaient modifiés et que l'Aiguille de Bionnassay avait exercé sur nous sa tyrannique attirance.

J'avais le *Guide Kurz* dans ma poche et, grâce à une optimiste interprétation de son horaire, il était devenu évident, pour nous, que nous pourrions faire l'Aiguille de Bionnassay dans la matinée, ou, tout au moins, revenir au Refuge Durier assez tôt dans l'après-midi pour entreprendre la traversée des Dômes de Miage le soir et arriver dans la nuit au Pavillon de Trélatête.

Kurz compte 9 h. 45 avec haltes pour aller de la Visaille au sommet de Bionnassay; défalquons une heure de haltes en tout, ce qui est peu; il reste 8 h. 45 de marche. Or, il faut bien près de 6 heures pour aller de la Visaille au Col de Miage; donc il faut moins de 3 heures pour monter du Col au sommet de l'Aiguille. Comptons largement, mettons trois heures. C'est bien le diable si, en six heures, nous ne faisons pas l'aller et le retour. A l'âge que nous avions, l'esprit géométrique l'emporte certainement sur l'esprit de finesse.

Et nous voici au pont sur le torrent de Miage. Nous quittons la route pour monter par le chemin de la rive gauche du torrent.

Après tout, il n'y a que 700 mètres de différence de niveau entre le col et le sommet..... peut-être même qu'en deux

heures..... Quant aux Dômes de Miage, pas de difficultés.....
l'arête est le fil conducteur..... le Glacier de Trélatête un bil-
lard..... et puis c'est la pleine lune ; elle se lèvera juste pour
éclairer notre route.

Et lorsque nous traversons les maigres buissons, à l'entrée
du bassin de Miage, où les framboisiers nous tendent leurs
fruits mûrs, au bout de leurs branches offertes, l'idée s'est
cristallisée et l'on n'en parle plus.

A 9 h. 15, nous arrivons aux chalets de Miage. Jusqu'à
10 h. 35, sous leur toit hospitalier, les tartines de beurre sur
le pain de seigle, et les framboises, que nous avons cueillies
chemin faisant, noyées dans la crème épaisse occupent les trop
courts instants de notre petit déjeuner.

Puis, un peu alourdis par ce substantiel acompte, nous
reprenons le sentier qui remonte la vallée. On franchit des
ruisseaux et l'on prend des moraines, ces moraines qui se-
raient, comme toujours, interminables si, comme toujours, elles
n'étaient égayées par le sourire des petites touffes mauves des
thlaspis et des minuscules fleurettes blanches de l'hutchinsie
alpine, que les montagnards appellent le cresson des chamois.

Cette moraine-ci nous conduit à hauteur du plateau supérieur du Glacier de Miage, sur lequel nous prenons pied à
14 h. 25 ; nous y faisons halte jusqu'à 15 h. 30 pour ce que
l'on est convenu d'appeler le repas de midi.

Par le glacier, nous remontons ensuite vers la rimaye, largement ouverte au pied de la triple côte rocheuse du col. Vous
vous souvenez peut-être que cet été de 1906 a compté (avec
ceux de 1911 et de 1921) dans les annales de l'alpinisme de
ces trente dernières années, parmi l'un de ceux les plus beaux
et les plus chauds.

En ce mois de septembre, plus un brin de neige sur les
glaciers, plus un névé, le rocher dégarni jusqu'aux plus grandes altitudes. Aussi, avons-nous beaucoup de peine à trouver
un passage. Nous longeons la rimaye depuis sa partie gauche
et, tout à coup, un pont, mince langue de glace vive, nous
offre la possibilité de rejoindre le rocher.

Et c'est alors la bonne escalade sur le roc solide, où l'on se
sent renaître après les fatigues de l'instable moraine et les len-
teurs nécessaires du glacier, où chaque brassée nous élève
rapidement, dans l'embrasement splendide du coucher de
soleil. Mais le soleil décline plus vite que nous ne montons. Le
crépuscule vient... Heureusement l'œil s'habitue à l'obscurité
grandissante.....

Enfin, un tesson de bouteille, qui m'entame la paume de la
main droite, nous avertit brutalement que le refuge n'est
plus bien loin. En effet, il est là devant nous, posé drôlement

sur le rocher, un peu de guingois, comme une caisse qui aurait été oubliée en ce lieu insolite.

Il est 19 h. 15. Nous poussons la porte. Personne. Nous sommes, par bonheur, seuls propriétaires. Heureux instants de la prise de possession et de l'installation ! Inspection du local, inventaire du matériel, un peu de nettoyage — il en reste toujours un peu à faire, bien que les prédécesseurs aient tout laissé *en parfait état de propreté* —; puis le déballage des sacs, l'allumage des réchauds et enfin, en attendant la soupe, le nez dans le registre pour faire la connaissance de ceux qui ont si bien plié les couvertures et de tous ceux qui les ont précédés.

Après le repas, une bonne causerie dans la fumée des pipes ; quelques moments hors du refuge pour écouter le profond silence de la haute montagne assoupie ; si bien que, lorsqu'on souffle la bougie, il est plus de dix heures.

Il est entendu qu'on part de bonne heure. Je dois *absolument* être au Pavillon de Trélatête demain soir. Il faut donc repartir d'ici, après avoir fait l'Aiguille de Bionnassay, vers 3 heures de l'après-midi. Par ailleurs, nous ne pouvons guère partir trop avant le jour. Alors, réveil à 4 heures et bonsoir.

Le lendemain, à 5 h. 30, nous ouvrons l'œil et, par un prodige de célérité, nous nous mettons en route à 5 h. 50. Le premier parcours de l'arête spacieuse est facile. Bien que partout la glace ait remplacé la neige, nous allons rapidement, grâce aux crampons.

De 7 h. 55 à 8 h. 35, nous faisons halte, pour déjeuner, à une sorte de col, après lequel l'arête de Bionnassay s'élance, rapide et effilée, vers le sommet. Un peu d'escalade dans un excellent rocher (46), puis l'arête de glace, très amincie, très abrupte. Quelques passages nous donnent vraiment du mal.

---

(46) Ce rocher, énorme bastion d'une centaine de mètres de hauteur, en schistes cristallins rougeâtres, semble avoir donné du fil à retordre à quelques caravanes. M. A. Ferrari avec Julien Proment et Alexis Brocherel, le 31 août 1900, avaient trouvé à la partie supérieure, une plaque lisse de 3ᵐ50 de hauteur qui exigea une courte échelle ; il est vrai que seul Proment l'escalada et que ses compagnons découvrirent une voie d'accès par un petit couloir à droite (*Boll. C.A.I.* 1901, p. 66). C'est le couloir de glace du Capitaine Farrar et c'est la bonne voie. Cette partie rocheuse, très raide mais en bon rocher, ne nous a pas paru présenter de difficultés particulières, peut-être parce que le rocher était exceptionnellement sec.

M. A. Ferrari, dans le *Bollettino del C.A.I.* 1901, par suite d'une fausse interprétation de l'article du Dʳ Grisel paru dans l'*Annuaire du C.A.F* 1899, qui compare le couloir qu'il a gravi *dans la face Sud-Est* de l'Aiguille de Bionnassay au grand couloir de la Meije aboutissant à la Pyramide Duhamel, a cru qu'il s'agissait de la petite cheminée ci-dessus, de l'arête Sud. Or celle-ci, autant que je puis me rappeler, ne me semble pas avoir plus de 4 à 5 mètres de hauteur !

A 50 mètres environ sous le sommet, nous lâchons l'arête et nous prenons à droite, dans la pente raide où la glace grenue donne une bonne prise aux crampons. Malgré cela quelques coups de piolet sont nécessaires.

A midi précis nous sommes au sommet, où nous accordons dix minutes à l'alpinisme contemplatif. Nous avons mis 5 heures et demie de marche effective et sans perdre de temps, depuis le col. Ah ! Kurz, que je vous en veux !

Que dire de la vue ? Que dire de la beauté des lointains, fondus, par cette journée radieuse, dans la poussière bleutée d'une atmosphère irréelle ? que dire de la splendeur de ces versants glacés, qui fuient sous nos pieds dans des profondeurs immenses et de ces arêtes fines, acérées comme des lames, lancées à travers l'espace en des trajectoires d'une grâce infinie ?... mais que dire de ce qui est proprement inexprimable ? Que dire ? sinon que ces souvenirs, que l'on recueille sur les hautes cimes — près du ciel — peuvent illuminer toute une vie ?....

Nous gravons dans notre mémoire les lignes ineffables de cet horizon, auquel nous donnons un dernier regard circulaire, et nous reprenons le chemin du Col de Miage, cette fois en suivant la crête depuis la cime, pour rejoindre des rochers qui émergent de l'arête à une trentaine de mètres sous le sommet.

Nous voyons bientôt que la descente nous prendra beaucoup plus de temps que la montée. Le soleil ardent a fait fondre, à la surface glacée, les grains congelés qui, tout à l'heure, tenaient encore et retenaient si bien les crampons et force nous est de tailler presque toute l'arête de glace. Nous travaillons sans relâche. A 15 heures, nous ne sommes pas encore à moitié chemin de l'arête. Adieu les Dômes de Miage ! Je rejoindrai le Pavillon par le Glacier de Trélatête que je gagnerai au-dessus du Col Infranchissable.

Hélas ! ce n'est qu'à 18 heures que nous sommes de retour au Refuge Durier ! Toutes nos prévisions d'horaire ont été déçues. Il va faire nuit et il ne faut plus songer à s'engager sur les arêtes. Tant pis ; je ferai le tour par la vallée.

Et à 18 h. 20, nous reprenons les rochers pour descendre aux chalets de Miage. La nuit est bientôt complète, rendue plus obscure encore par la pleine lune qui irradie une lumière éclatante sur les glaciers de droite et de gauche et sur le Glacier de Miage, tout là-bas, sous nos pieds, laissant obstinément dans l'ombre la plus noire la paroi rocheuse du Col. Comment franchirons-nous la rimaye ? Fort heureusement, au bas des rochers, la chance nous favorise et nous aboutissons en un point où nous pouvons descendre dans la rimaye et remonter de l'autre côté. Il est 20 heures. Nous sommes toujours dans l'ombre du Col. A la sortie du Glacier de Miage, nous manquons, bien entendu, le sentier, et nous voilà dévalant dans la moraine, parmi les blocs instables et les pierrailles fuyantes. Nous en sortons enfin et le désir d'aller plus vite nous engage dans une pente de vernes inextricables qui nous brisent les jambes et dont il nous semble que nous ne sortirons plus.

Il est plus de minuit lorsque nous entrons aux chalets de Miage. Il nous a fallu 11 heures et demie de marche effective pour descendre du sommet de l'Aiguille et je vous assure que nous ne nous sommes pas amusés en route. Je ne me sens plus le courage de poursuivre jusqu'au Pavillon de Trélatête. Et je songe à l'inquiétude de mon compagnon, de celui qui m'attend là-bas et qui ne sait où me prendre. Le berger, que je voudrais envoyer de suite au Pavillon de Trélatête porter des nouvelles, s'y refuse, parce qu'il est imprudent — dit-il — de marcher la nuit sur les chemins de montagne. J'enregistre cette leçon et je m'étends dans un coin, en attendant de pouvoir repartir. Je m'étends et, la fatigue aidant, je m'endors...

Je ne repars qu'au petit jour. Lévêque me quitte aux Contamines. Il rentre par le Col du Joly. Quant à moi, je vais à la recherche de mon compagnon qu'il faut, de toute nécessité, que je retrouve, parce que, ce soir-même, nous devons être tous deux aux Mottets, où un troisième rendez-vous nous attend. Ah! ne me parlez pas des rendez-vous en montagne!

Je le trouve au chalet de la Balme. Il est descendu du Pavillon de Trélatête, ayant renoncé au Tondu, par où nous devions aller aux Mottets.

Il me reçoit mal, mon compagnon. Il me croyait mort et il était tout prêt à m'excuser. Mais en me retrouvant bien vivant, son inquiétude se change subitement en une colère folle. Il m'accable de reproches et éclate en véhémentes imprécations. Etant donné qu'il est mon aîné, je ne puis lui répondre sur le même ton et, étant donné son grade supérieur au mien, je ne puis rien lui répondre du tout. J'encaisse. Il finit par me dire ces paroles textuelles : « Quand on a un rendez-vous, on y arrive, n'importe comment, sur le... *derrière* s'il faut (je crois — Dieu lui pardonne — qu'il employa un mot plus énergique et plus bref), mais on y arrive. » Je pensais, à part moi, que si j'eusse employé un tel mode de locomotion pour descendre de l'Aiguille, je me serais certainement évité cette algarade.

Comme le silence succède à l'avalanche, le calme revint et nous partîmes, par les Cols du Bonhomme et des Fours, pour gagner les Mottets.

C'était le début d'une expédition de douze jours à travers les montagnes du Valgrisanche, de Rhêmes et du Val d'Aoste et j'étais légèrement inquiet de cette prise de contact un peu brusque avec mon nouveau compagnon. « Ce ne sera pas gai », pensais-je. J'avais tort. Nous fîmes une randonnée délicieuse, servie par un temps merveilleux. Mon compagnon, excellent alpiniste et marcheur infatigable, se révéla le camarade de montagne le plus charmant que l'on puisse rêver, et le souvenir de ces journées demeure pour moi parmi les meilleurs.

Au reste, il avait raison. J'enregistrai cette seconde leçon et celle-ci, du moins, je puis me rendre cette justice d'en avoir profité. Oui ; quand on a un rendez-vous en montagne, on doit y arriver par tous les moyens possibles, ou tout au moins ne pas se mettre dans l'impossibilité de s'y rendre. Et, depuis ce jour, j'ai toujours été exact aux rendez-vous pris. Mais voilà bien l'ironie du sort ; ce furent mes compagnons qui, dès lors, firent preuve d'une inexactitude déplorable ou qui, même, me firent faux bond. Et ce fut mon tour de récriminer.

Dix jours après, le 12 septembre, nous partions de Courmayeur à 6 h. 30. A 15 h. 30 nous arrivions à la nouvelle cabane Quintino Sella, d'où nous devions, le lendemain, traverser le Mont Blanc.

La fin de l'après-midi passa dans la contemplation de ce magnifique spectacle, l'un des plus beaux que puisse offrir la haute montagne. Je revivais mes courses sur les crêtes et les cimes visibles, mais toujours je revenais vers cette Aiguille de Bionnassay dont les souvenirs étaient tout frais pour moi et de laquelle je ne pouvais détacher mes regards.

Je ne savais pas alors que nous en avions fait, dix jours auparavant, la première ascension française sans guide, mais ce que je savais, assurément, c'est que nous avions fait une bien belle course.

ITINÉRAIRES

A. — *Points de départ*

1° Versant français :

a) Refuge Durier au Col de Miage. — 3.376 m. — Il permet d'employer à la montée les itinéraires de l'arête Sud ou de la face Sud-Ouest et arête Ouest.

b) Chalet-hôtel de Tête-Rousse. — 3.167 m. — Depuis que l'on a frayé la voie du versant Nord du Col de Bionnassay, ce point de départ permet l'utilisation des itinéraires de l'arête Est aussi bien que de la face Nord et de la face Nord-Ouest.

c) Refuge Vallot, aux Bosses. — 4.362 m. — Il permet l'accès par l'arête Est en franchissant au préalable le Dôme du Goûter.

Occasionnellement, on pourra utiliser soit les *chalets de Miage,* soit le *chalet des Deux Frères* au Col de Tricot pour gravir l'Aiguille de Bionnassay par le contrefort de Tricot.

2° Versant italien :

a) Cabane Francesco Gonella (ancienne cabane du Dôme). — 3.120 m. env. — Ce point de départ permet l'ascension par l'arête Est en suivant d'abord l'itinéraire du Mont Blanc dit des Aiguilles Grises jusqu'à l'arête du Dôme que l'on atteint plus ou moins à l'Est et au-dessus du Col de Bionnassay. Pour les itinéraires du versant Est on pourra aussi utiliser ce point de départ, d'où il faudra toutefois redescendre un peu pour gagner, par les terrasses de la Chaux de Pesse, le Glacier de Bionnassay italien.

b) Cantine de la Visaille. — 1.653 m. — Dans le Val Veni, ce point de départ permet l'utilisation des itinéraires du versant Est et de l'arête Est, ainsi que celui de l'arête Sud, mais, dans ce dernier cas, il vaudra mieux aller coucher au Refuge Durier. Ce point de départ a l'inconvénient d'être un peu éloigné et un peu bas.

B. — *Itinéraires proprement dits* (47)

I. — Aiguille de Bionnassay

Les six éléments, trois arêtes et trois versants, qui concourent à la structure de l'Aiguille de Bionnassay déterminent les six voies qui permettent d'en atteindre le sommet. Donc, six itinéraires, agrémentés de quelques variantes. Nous les décrirons dans l'ordre où ils sont le plus fréquemment employés.

1° *Par l'arête Sud.*

Du Refuge Durier, suivre l'arête vers le Nord. Elle est d'abord neigeuse, peu relevée et large. Elle forme un premier dôme et est suivie d'un trajet de crête en neige ou glace en pente douce, auquel fait suite, après un collet, un parcours rocheux très abrupt. Tourner les difficultés sur le versant droit (E.) de cette arête rocheuse. Un petit couloir escarpé termine cette portion rocheuse et ramène sur le fil de l'arête de neige. D'ici, l'arête est très effilée et se relève considérablement (les crampons sont très utiles). Sous le sommet on trouve quelques rochers. De ce point on peut continuer par l'arête jusqu'au sommet ou, si la neige est bonne, obliquer à droite dans la face Sud-Est, pour monter directement à la cime par une pente de neige assez raide (de 3 h. 30 min. à 5 h. 30 min. suivant l'état de la montagne, depuis le Refuge Durier).

1re *variante.*

Si l'on vient du versant italien, il est inutile de passer au Col de Miage ; on peut rejoindre l'arête Sud, depuis le confluent des Glaciers italiens de Miage et de Bionnassay, à 250 m. environ au Nord du Col de Miage.

2e *variante.*

On peut aussi, dans la dernière partie, c'est-à-dire au-dessus de la moitié de l'arête, obliquer à droite pour emprunter le versant Sud-Est et monter au sommet par l'itinéraire du versant Sud-Est, ou bien obliquer à gauche pour emprunter le versant Sud-Ouest et monter au sommet par l'itinéraire de ce versant.

2° *Par l'arête Est.*

Cette arête, de neige ou glace suivant la saison, très effilée ou garnie parfois de corniches de neige et ne s'abaissant que de 170 mètres depuis le sommet de l'Aiguille jusqu'au Col de

---

(47) Tous ces itinéraires, sauf celui de la face Nord, effectué postérieurement à la publication de ce volume, sont extraits de mon guide LES ALPES DE SAVOIE *Tom. VI, 1e partie.*

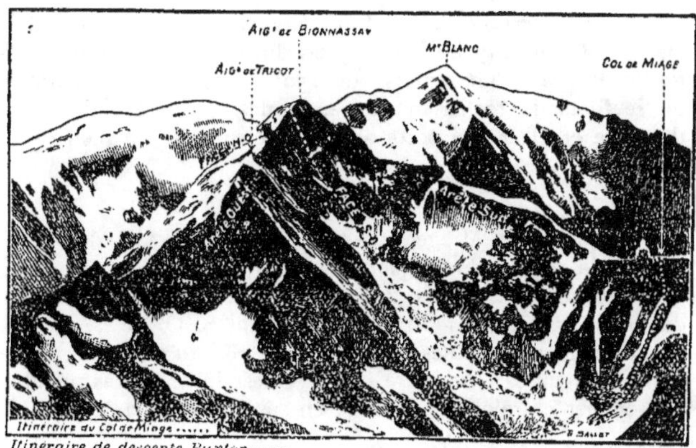

Itinéraire de descente Buxton - - - -

Extrait du *Panorama du Mont Joly*, de M. Paul Helbronner

Bionnassay, sur une longueur d'un kilomètre environ, cons-
titue l'un des plus beaux parcours d'arêtes du massif du
Mont Blanc et des Alpes entières. Dans la partie médiane,
quelques rochers pointent parfois.

Ce trajet, très variable suivant l'état de la crête, suivant
qu'elle est en bonne neige ou en glace vive, a été suivi en
30 minutes de l'Aiguille au Col ; c'est un grand minimum ;
il peut exiger jusqu'à 2 h. dans certaines circonstances.

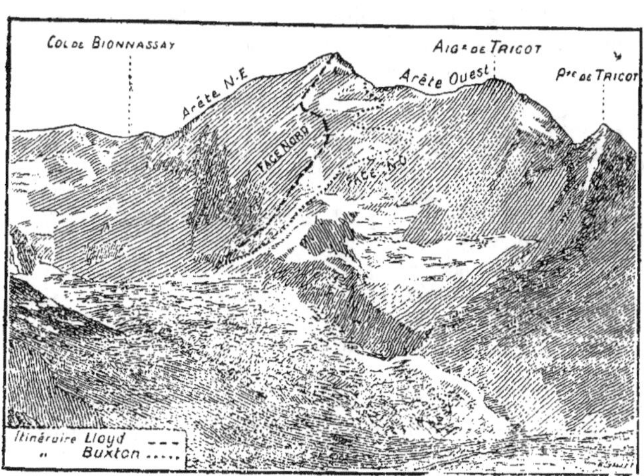

D'après une vue prise près du Col de Voza, par M. Bourrey

3° *Par le versant Sud-Est.* — Franchir la rimaye du Glacier de Bionnassay italien au pied du versant S.-E. de l'Aiguille et gravir une falaise de 250 m. de hauteur, hérissée de feuillets de rocher. Prendre, au-dessus, la grande pente de neige et glace qui porte au sommet en 4 h. du pied de la face.

4° *Par le versant Sud-Ouest.*

Des chalets de Miage, suivre l'itinéraire du Col de Miage jusqu'à la rimaye du Glacier français de Miage au pied de la paroi rocheuse. Suivre cette rimaye vers le N., la franchir dès que possible pour attaquer le versant S.-O. de l'Aiguille, que l'on gravit par des couloirs, puis des rochers coupés de parties neigeuses. Atteindre l'arête Ouest le plus près possible du sommet et rejoindre celui-ci en suivant cette arête (9 h.).

5° *Par le versant Nord-Ouest.*

De la station de Bionnassay, terminus actuel du chemin de fer du Mont Blanc — 2.400 m. — prendre pied sur le Glacier de Bionnassay et le traverser. Se diriger vers le point 2.872 m. E. M. F. et gravir la face glaciaire tout entière. Atteindre l'arête O. non loin du sommet, que l'on rejoint en suivant cette arête (10 h. environ).

Si l'on part de Tête Rousse, on gagne le même point d'attaque au pied du versant Nord-Ouest.

6° *Par l'arête Ouest.*

Du sommet de l'Aiguille de Tricot, suivre l'arête jusqu'à la cime. Elle est partie neigeuse, partie rocheuse et se relève considérablement dans la dernière portion en même temps qu'elle s'effile de plus en plus (1 h. 45 min.).

7° *Par la face Nord* (48).

Cet itinéraire peut être considéré comme une variante de celui du versant Nord-Ouest, bien qu'il soit plus direct.

De Tête Rousse, descendre vers le Glacier de Bionnassay pour le traverser jusqu'au pied du versant Nord-Ouest de l'Aiguille de Bionnassay. Gravir la pente de neige comme dans l'itinéraire du versant Nord-Ouest, jusque sous de grands séracs. A cet endroit, tourner brusquement à gauche et effectuer une petite traversée, en montant dans une pente de neige très raide, pour arriver à la grande traversée de la face Nord, au-dessus des rochers qui la soutiennent à la base. Traversée très délicate et impressionnante jusqu'à la rimaye, qu'il faut franchir (très difficile), pour s'élever ensuite directement au sommet par des pentes de neige extrêmement abruptes (7 h.).

---

(48) Extrait de l'*Annuaire du G.H.M.* 1927, pp. 62-5.

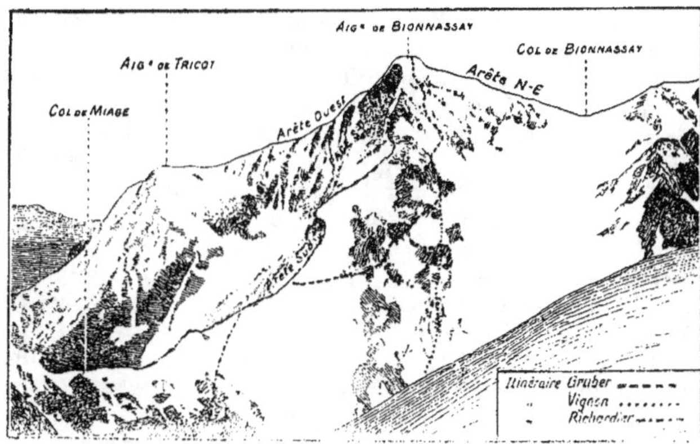

D'après une vue prise de la Tête Carré, par M. Robert Perret

II. — Col de Bionnassay, 3.892 m. Vt.

De Tête Rousse à Courmayeur : 14 h. 25 min. Voir l'*Alpine Journal*, XXXIII, p.

Du chalet-hôtel de Tête-Rousse, descendre en 20 min. ou Glacier de Bionnassay. Remonter celui-ci dans sa partie cen-

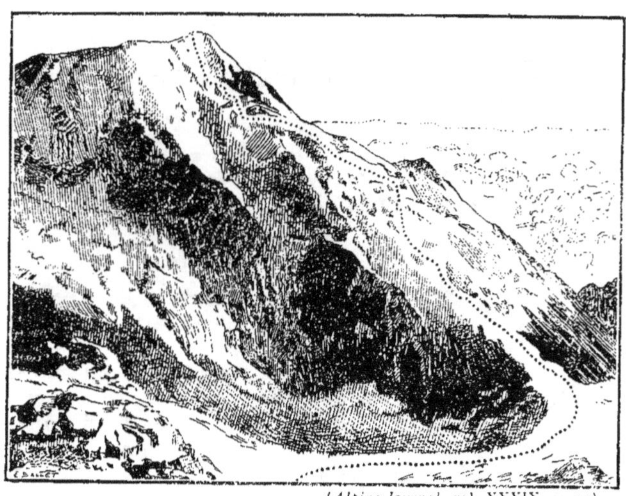

(*Alpine Journal*, vol. XXXIX, p. 31)

La face Nord de Bionnassay

trale jusqu'à la base de la cascade de séracs étranglée entre deux parties rocheuses. Gravir cette cascade juste en son milieu, où il faut tailler une partie dans la glace vive. Une pente de neige mène de la partie supérieure des séracs à la grande rimaye qui barre parfois le glacier dans toute sa largeur. En fin de saison, cette rimaye est presque toujours infranchissable. On peut l'éviter par la gauche. Revenir à droite au-dessus de la rimaye pour prendre le grand champ de neige sous le col, que l'on remonte en ligne droite. Se diriger de manière à atteindre la crête à gauche (E.) du mamelon qu'elle forme à gauche de quelques rochers (7 h. du chalet-hôtel de Tête Rousse).

Sur l'autre versant, descendre par une pente glaciaire rapide sur le Glacier de Bionnassay italien. Côtoyer la base des Aiguilles Grises sur la rive gauche de ce glacier ; le traverser ensuite au-dessus de la cascade de séracs qu'il forme et longer la rive droite, c'est-à-dire la base de l'Aiguille de Bionnassay, jusqu'au confluent dans le Glacier de Miage italien. Cette dernière partie en séracs est d'un parcours parfois difficile. Descendre le Glacier de Miage italien dans toute sa longueur, jusqu'au talus de sa moraine latérale droite, qui barre le plan de l'ancien lac Combal, en aval duquel on rejoint le chemin du Col de la Seigne, au point où il passe sur la rive gauche de la Doire. Descendre ce chemin par la Cantine de la Visaille — 1.653 m. — jusqu'à Courmayeur (7 h. 25 min. du Col de Bionnassay).

Variante.

Si les pentes supérieures du Glacier de Bionnassay italien se présentaient en mauvaises conditions, on pourrait, du Col de Bionnassay, gagner à gauche le point de suture de l'arête des Aiguilles Grises et, par celle-ci ou ses abords E., gagner par l'itinéraire du Mont Blanc (itinéraire du Pape) la Cabane Francesco Gonella en 2 heures.

C. — *Echelle des difficultés*

Il est bien difficile d'établir une telle échelle en valeur absolue, lorsqu'il s'agit, comme ici, d'un sommet en grande partie glaciaire et de grande altitude.

Cependant l'on peut dire que l'itinéraire le plus facile est celui du versant Sud-Est, pris depuis sa base ; ensuite celui du versant Sud-Ouest. Ceux-là, et leurs variantes qui permettent de les suivre en partant du Refuge Durier se séparent assez nettement des autres ; le rocher y tient une bonne part.

Les itinéraires des trois arêtes viennent ensuite ; celui de l'arête Est est le moins difficile lorsque les arêtes sont en

Les vingt premières ascensions à l'Aiguille de Bionnassay (49)

N°s D'ORDRE	ALPINISTES	GUIDES	DATES	ITINÉRAIRES
1re ascension..	E.-N. Buxton F.-C. Grove S. Macdonald	J.-P. Cachat M.-A. Payot	28-7-1865	Montée face N.-O. Descente face S.-O.
2e —	R.-J.-P. Vignon	H. Devouassoud Alex. Balmat	31-7-1885	Versant S.-E.
3e —	G. Gruber	K. Maurer A. Jaun	13 ou 14-7-1888	Arête Sud et versant S.-E.
4e —	K. Richardson	E. Rey J.-B. Bich	13-8-1888	Montée arête Sud Descente arête Est
5e —	C. Bosviel	J. Petitgax	? 1896	Descente versant S.-E.
6e —	J.-P. Farrar	D. Maquignaz J. Kederbacher	16-8-1898	Montée arête S. Descente arête E.
7e — *On installe le refuge Durier au Col de Miage.*	Mlle E. Rochat	J. Proment Demarchi	2-9-1898	id.
8e —	E. Dunand Adrien M... Charles M...	*1re ascension sans guides (suisse)*	14-8-1899	
9e —	Dr Grisel	Charlet-Straton, Mollard père et fils	17-8-1899	Montée arête S. et face S.-E. Desc. arête S., face S.-E. puis arête S.
10e —	C. Blodig G. Löwenbach L. Purtscheller	Oberhollenzer	22-8-1899 (50)	Arête Sud

N°s D'ORDRE	ALPINISTES	GUIDES	DATES	ITINÉRAIRES
11e ascension..	A. Ferrari	J. Proment A. Brocherel	11-8-1900	id.
12e —	Kern	Walter Schauffelberger	12-7-1903	Versant O. de l'arête Sud
13e —	A. von Radio-Radiis A. Weber	*1re ascension autrichienne sans guides*	1-9-1903	Montée arête S. Descente face S.-E.
14e —	H. Durand R. du Verger	Blanc le Greffier	14-7-1904	
15e —	G. Faist L. Moiroud O. Schulthess	Estivin Alphonse Andenmatten Maurice	21-8-1905	Montée arête E. Descente arête S.
16e —	A. Fischer E.-F.-I. Fankhaser R. Martin.	*Sans guides*	23-7-1906	Montée arête S. Descente arête E.
17e —	Ongania	Guides inconnus	? 1906	?
18e —	E. Gaillard Lévèque	*1re ascension française sans guides*	2-9-1906	Arête S.
19e —	R. Hesse R. Iberer R. Weitzenböck	*Sans guides*	9-7-1907	Arête Sud Descente arête Est
20e —	A. Brofferio E. Canzio G. Gugliermina A. Hess G. Lampugnani M. Santi	*1re ascension italienne sans guides*	28-7-1907	Arête Sud

(49) Nous voulons dire les vingt premières ascensions connues. Il est possible qu'à partir de la 8me ascension, c'est-à-dire depuis la création du Refuge Durier, d'autres ascensions aient été faites, qu'on trouverait mentionnées dans le registre du refuge. Je n'ai pas songé à les relever lors de mon dernier passage à ce refuge et n'ai pas eu le loisir d'aller le consulter cet hiver, au moment où j'ai écrit ces pages.

(50) Ce même jour, une caravane française, avec des guides de Chamonix, fit une tentative à l'Aiguille de Bionnassay, mais renonça à l'ascension de la dernière pente de glace [Œ. A. Z. 1900, p. 17].

bonnes conditions, parce que l'arête monte modérément et n'a pas les brusques ressauts, que d'aucuns ont évalué à 55°, des deux autres arêtes. Le plus intéressant des trois est incontestablement celui de l'arête Sud, parce que le plus varié.

L'itinéraire de la face Nord-Ouest est plus difficile encore et, enfin, celui de la face Nord.

Il va de soi que, principalement pour les itinéraires qui empruntent les arêtes, la difficulté sera très variable suivant l'état de celles-ci; suivant qu'elles seront en neige compacte à-demi ramollie par le soleil où le pied enfonce juste pour faire sa place (dans ce cas l'arête Est n'est qu'un jeu, on l'a parcourue en 30 min.); ou suivant qu'elles seront en glace vive, où un travail de taille parfois très long est à prévoir; ou enfin qu'elles seront encombrées de corniches déjà à-demi décrochées, où l'impossibilité de continuer sans risques trop grands peut se rencontrer tout d'un coup.

BIBLIOGRAPHIE
DE L'AIGUILLE DE BIONNASSAY

SAUSSURE : *Voyage dans les Alpes*, édition in-8°, en 8 vol., 1786, vol. IV, p. 399, note 1, 401 et planche VI. La Rogne.

DURIER : *Le Mont Blanc*, p. 310, note ; 292, note 1 ; 447.

LEVASSEUR : *Les Grandes Ascensions*, p. 108-10 (asc. Vignon).

Annuaire du C. A. F., 1880, p. 70, 82 (tentative Puiseux), 1885, p. 73-86 (asc. Vignon) ; 1899, p. 3-26 (asc. Grisel) ; 1903, p. 84-93 (asc. Kern).

Bulletin de la Section Lyonnaise du C. A. F., n° 8, p. 82 (asc. Richardson).

Revue Alpine, 1906, p. 371 (Compte rendu de *La Montagne*, I), 1927 p. 118 (asc. Lloyd).

La Montagne, I, p. 67-80 (asc. Durand) ; IX, p. 615 (mention de l'Aiguille) ; XI, p. 62 (mention de l'Aiguille) ; XXIII, p. 129-33 (asc. Langlois), 283 (accident mortel à l'arête Est), 327 (rappel de l'asc. Richardson).

Annuaire G. H. M., 1927, p. 62-5 (asc. Lloyd et asc. Langlois).

Le Piolet, 1902, p. 76-7. Récit d'une tentative à l'Aiguille.

Echo des Alpes, 1900, p. 211-31 (asc. Dunand).

Bollettino del C. A. I., 67, p. 45-73 (monographie Ferrari) ; 68, p. 181-3 (monographie Mondini du versant italien du Mont Blanc, voie par l'Aiguille de Bionnassay).

Rivista Mensile del C. A. I., VII, p. 411 (asc. Richardson) ; XVIII, p. 194 (asc. Farrar) ; XIX, p. 393 (asc. Ferrari) ; XX, p. 178 (asc. Blodig) ; XXIII, p. 155 (asc. von Radio-Radiis) ; XXVI, p. 169 (asc. Ongania) ; XXVII, p. 93, 135, 175 (simples mentions de l'asc. Hess-Brofferio-Santi) ; XLVI, p. 196-201 (asc. Hess).

Alpine Journal, II, p. 132-3, 321-32 (1re asc. Buxton-Grove-Maodonald) ; VIII, p. 18 (mention de la tentative Hudson, Stephen et Tuckett) ; XIV, p. 150 et note, 280 (asc. Richardson) ; XXV, p. 377 et 442 (asc. Irving) ; XXV, 55 (asc. Farrar) ; XXXIII, 186-93 (1re asc. du versant N. du

Col de Bionnassay) et p. 427 (asc. Oliver) ; XXXIV, face
à la p. 108 (tracé de l'itinéraire précédent) ; XXXVIII,
p. 270, 309-10 (1ʳᵉ asc. par la face N. avec tracé d'itinéraire) ; XXXIX, p. 25-35 (1ʳᵉ asc. directe par la face N.,
tracé d'itinéraire) et 141 (2ᵉ asc. par la face Nord).

Jahrbuch des S. A. C., 1888-89, p. 386 (asc. Richardson) ;
1898-99, p. 71-5 (asc. Rochat) ; 1899-00, p. 456 (asc.
Blodig) ; 1902-03, p .268 (article toponymique Coolidge) ;
1906-07, p. 6-10 (asc. Kern).

Zeitschrift des D. u. Œ. A., 1904, p. 215 (asc. von Radio
Radiis) ; 1908, p. 219 (asc. Blodig).

Œster. A. Zeitung, 1900, p. 15-8 (asc. Blodig) ; 1903, p. 279
(asc. von Radio Radiis) ; 1908, p. 5 (asc. Weitzenböck,
trav. Sud-Nord) ; 1912, p. 42-3 et 183-4 (note et récit de
l'asc. Weitzenböck, par l'arête de Tricot).

Blodig : *Die Viertausender der Alpen, p.* 100-2.

A. *Fischer : Hochgebirgswanderungen.* Tome I, p. 118 et
suivantes.

Ajouter pour le Col de Bionnassay :

Alpina, 1921, p. 112.

Rivista Mensile, 1925, p. 145.

ICONOGRAPHIE (51)

SAUSSURE : *Voyages dans les Alpes*, édition originale. Tome II (52).

Paul HELBRONNER : Tours d'horizon. Panorama du Mont Joly.

Joseph VALLOT : *Le Massif du Mont Blanc. Paysages caractéristiques.* Tome II. *La Haute Chaîne* (passim).

P. PERRET : *Panoramas du Mont Blanc* (53) (passim et panorama de l'Aiguille de Bionnassay).

Annuaire du C. A. F., 1885, p. 75 ; 1899, p. 19.

La Montagne, III, p. 329, 372, 558 ; V, p. 442 ; IX, p. 600 ; XXIII, face à p. 129.

Le Piolet, 4ᵉ année, p. 68.

Bollettino del C. A. I., 1891, face aux pages 48 et 56 ; p. 61, face aux pages 64 et 72.

Rivista Mensile del C. A. I., XXIII, face à la p. 153 ; XLVI, couverture du n° 7-8, face à la p. 192, p. 200.

Alpine Journal, XII, frontispice ; XXXVIII, face à la p. 212 ; XXXIX, face aux p. 1, 25, 26, 28, 31, 32 et 141.

British Ski Year Book, 1926, face à la p. 400 (ill. du bas de la page) (54).

Jahrbuch des S. A. C., 1906-07, p. 7 et p. 9.

Zeitschrift des D. und Œ. A., 1904, face aux p. 208 et 212.

Œ. A. Z., 1908, frontispice.

---

(51) Ce chapitre n'a aucune prétention à être complet. Nous avons négligé avec intention les gravures, les dessins et les photographies qui se trouvent dans le commerce et dont l'énumération serait sans intérêt. Nous nous sommes attachés simplement à réunir dans ce chapitre les illustrations les plus caractéristiques, qui se trouvent dans les périodiques et ouvrages alpins, sans même parler de celles où l'Aiguille de Bionnassay ne figure que comme comparse. Des documents de consultation et d'étude, voilà ce que nous nous sommes proposés de donner principalement ici.

(52) Reproduite dans *Le Mont Blanc et le Col du Géant*, chez Dardel à Chambéry.

(53) Chez Dardel, à Chambéry.

(54) La légende de cette photographie, prise de l'arête de Miage, est erronée ; il faut intervertir les Bosses et l'Aiguille de Bionnassay, celle-ci se trouvant à gauche et celles-là à droite du Dôme du Goûter.

ILLUSTRATIONS

HORS-TEXTE :

La vallée de Bionnassay. — Vue prise des environs de Bionnay. On voit à gauche les pentes du Col de Voza, puis le Mont Lachat, l'Aiguille du Goûter, le Dôme du Goûter, l'Aiguille de Bionnassay et, tout contre le bord droit de la photographie, l'Aiguille de Tricot. Photographie M. Bourrey.

Le versant italien de l'Aiguille de Bionnassay. — Vue prise du sommet du Pic Louis-Amédée. Au fond, l'Aiguille de Bionnassay présente à gauche son arête Sud, cachée en partie, jusqu'auprès du Col de Miage ; à droite son arête Nord-Est, jusqu'auprès du Col de Bionnassay. On voit à droite les pentes du Dôme du Goûter. En avant de l'Aiguille, la crête des Aiguilles Grises et, au premier plan, la crête du Rocher du Mont Blanc. Photographie Gugliermina frères.

L'Aiguille de Bionnassay. — Vue prise en avion de l'Est-Sud-Est. On y voit très distinctement les trois arêtes de l'Aiguille : au Col de Miage (Sud), au Col de Bionnassay (Est) et à l'Aiguille de Tricot (Ouest), encadrées, à gauche, par la Tête Carrée et à droite, par le Dôme du Goûter. En avant, entre les glaciers de Bionnassay Italien et du Dôme, la crête des Aiguilles Grises ; plus à droite, les Rochers du Mont Blanc. A l'arrière plan, l'Aiguille de Varens, le Colloney et le Désert de Platé. Photographie Seive.

IN-TEXTE :

Croquis schématique de l'Aiguille de Bionnassay (au 60.000^e), par E. Gaillard.

Aiguille de Bionnassay, d'après une vue prise du Dôme du Goûter, avec tracés d'itinéraires. Cliché Robert Perret, p. 25.

Aiguille de Bionnassay, d'après une vue prise de la Tournette *(Alpine Journal,* vol. XXXIX, p. 26), avec tracés d'itinéraires, p. 25.

Refuge Durier, au Col Miage. Cliché V. Zotier, p. 25.

Aiguille de Bionnassay, extrait du Panorama de M. Paul Helbronner pris du Mont Joly, avec tracés d'itinéraires. p. 44.

Aiguille de Bionnassay, d'après une vue prise près du Col de Voza, avec tracés d'itinéraires. Cliché M. Bourrey, p. 44.

Aiguille de Bionnassay, d'après une vue prise de Tête Carrée, avec tracés d'itinéraires. Cliché Robert Perret, p. 46.

Aiguille de Bionnassay, face nord, avec tracé d'itinéraire *(Alpine Journal,* vol. XXXIX, p. 31), p. 46.

Sept dessins E. Sallet.

TABLE DES MATIÈRES

	Pages
Description physique	8
Toponymie, cartographie et altimétrie.	11
Histoire alpine. — La première ascension	13
— — L'exploration	25
Quelques souvenirs	35
Itinéraires	42
Les 20 premières ascensions	48
Bibliographie	51
Iconographie	53
Notes sur les illustrations	54

www.ingramcontent.com/pod-product-compliance
Lightning Source LLC
LaVergne TN
LVHW011351170726
843501LV00006B/1758